秘書が教える！ビジネスマナー

Tsubomi Hanano 花野 蕾

同文舘出版

はじめに

地下鉄に乗っていた時のことです。母親らしき人が「お行儀よくして」と言って、4歳くらいの子供を席に座らせていました。そして、車内でしてもいいこと、してはいけないことを話して聞かせていました。

思えば、私たちは子供のころから無意識のうちに「お行儀よく」を教え込まれていました。「お行儀よく」にはどのような意味が含まれていたのでしょうか？

公共の場で人に迷惑をかけないことだったり、どういうことが迷惑になるのかを考えてみることだったり、子供なら安全に行動することだったり――そのことを理解して行動することが「お行儀よく」の意味だったように思います。

社会人になるとさすがに「お行儀よく」という言葉は使いませんが、代わって「マナー」

という言葉が立派に使われています。

信号が赤なら道路を横断できませんし、物を購入すれば代金を支払う、そんなルールが社会にはあります。

マナーは、社会のルールを守りながら、時と場合に応じた行動をとるために必要なもの。「マナー」はいわば、人との関わりを円滑にするためのお約束のようなものです。

私たちは、無人島でひとりで生活しているわけではありませんから、状況や場面に応じた行ないは、社会人である前に、人として修得しなくてはならないものなのです。

ただし、堅苦しく考える必要はありません。常に相手の立場にたって考えることができれば自然に身につき、周囲の方々にも気持ちよく接してもらえます。

気持ちよく接してもらいながら仕事を覚えることができるなんて、とても素晴しいことです。そのためにも、ぜひ、これからお伝えするビジネスマナーを身につけてください。

最後になりましたが、本書は私の配信しているメールマガジン『社長秘書！　魅惑のオフィスマナー』をもとに構成されています。同文館出版ビジネス書編集部長古市様より、このたびの出版のお話をいただきましたこと、そして、ビジネス書編集部の竹並様にお力をいただきこのような運びに至りましたことを心より感謝しております。

本書を手にしてくださったあなたが、社会人として素晴しいスタートを切れることを願ってやみません。

2008年　2月

花野　蕾

はじめに

1章　社会人の基本マナー

1．社会人の基本ルール……10
2．身だしなみのマナー……14
3．挨拶のマナー……18
4．会釈とお辞儀のマナー……22
5．言葉遣いのマナー1……26
6．言葉遣いのマナー2……30
コラム1　仕事の心構え
7．先輩とのおつき合いのマナー……34
8．上司・同僚とのおつき合いのマナー……36

2章　仕事の基本マナー

1. 作業と仕事の違い……42
2. 正しい指示の受け方……44
3. 正しい報告の仕方……48
4. 効率的な仕事の進め方……50
5. 仕事に優先順位をつける……54

コラム2　「自己啓発」しよう！

6. 自分の仕事をマネジメントする……58
7. 日常業務を見直す……60

3章　電話応対のマナー

1. ビジネス電話の基本マナー……64
2. かけ方の基本マナー……68

3. 受け方の基本マナー……70
4. 取次ぎの基本マナー……72
コラム3 自己啓発のやり方
5. 担当者が電話に出られないときは？……76
6. 伝言の受け方・伝え方……80
コラム4 知識をつけてスキルアップしよう！
7. アポイントメントの取り方……84
8. クレーム電話がかかってきたら……88
9. セールス電話がかかってきたら……90

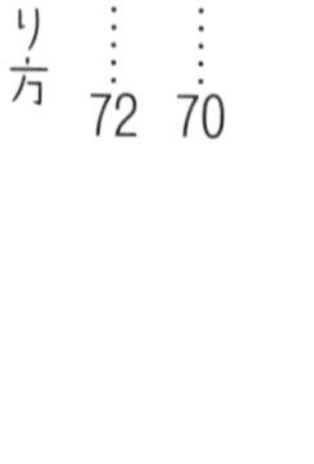

4章 来客応対のマナー

1. お客様を迎える準備……94
2. 来客の取次ぎのマナー……96
3. お客様を案内するときのマナー……100
4. 座席へのご案内のマナー……102

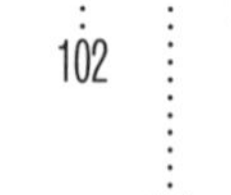

5．お茶出しのマナー……106
6．お見送りのマナー……110
7．後片づけのマナー……112

5章 訪問のマナー

1．訪問の事前準備……116
2．訪問先企業に到着したら……118
コラム5 能力開発と能力強化をしよう！
3．名刺交換のマナー……122
4．面談のマナー……124
5．辞去のタイミング……128

6章 ビジネス文書のマナー

1．ビジネス文書とは？……132

2. ビジネス文書の基本ルール……134
3. 社内文書の書き方……136
4. 社外文書——取引を重視した文書の書き方……138
5 社外文書——社交を重視した文書の書き方……140
6. 宛名の書き方……144
7. ビジネス文書慣用句……148
8. 文書のファイリングの基本……154
9. メールのマナー……158
コラム6  セルフブランディング
10. メール文書の取扱い……164

カバーデザイン◎齋藤　稔
カバーイラスト◎みやかわ　さとこ
本文デザイン◎イーサムデザイン株式会社
本文イラスト◎アイデアベイス

1章

社会人の基本マナー

1 社会人の基本ルール

約束の期限に商品が届かない。商品を届けたのに支払いがなされていない——信用を失うような行動は、企業にとって死活問題につながる危険なことです。

長年の信頼関係で一度や二度の些細なミスは大目に見てもらえたとしても、大きな損失を伴うようなことがあれば、二度と取引できないといっても過言ではありません。企業の一員になった以上は、信頼される人間になることが基本です。

信頼される人になるために、日頃から次のような点に注意しましょう。

①時間を守る

あらためて言うこともありませんが、始業時間、待ち合わせ時間などの約束を守るということです。始業時間に遅刻するなど本来あってはならないことですが、やむを得ないケースもあります。そんな場合は、速やかに上司に連絡をします。

余談ですが、半年のあいだで3度遅刻すると、〝あの人はしょっちゅう遅刻するよ〟とレッテルを貼られます。注意しましょう。

②金銭の貸借りにけじめをつける

たとえば、自動販売機の前で小銭が足らなくて同僚に借りた場合なども、わずかな金額と侮らずに、きちんと返しましょう。

少額ほど忘れやすいものですが、借りたほうより貸したほうがいつまでも覚えているこ

とは言うまでもありません。

額にかかわらず、本来、金銭の貸し借りを会社の人とすべきではないということを肝に銘じておきましょう。

③節度のある態度（マナー）でいる

どんなに親しくなった相手でも、熱心な先輩、上司でも、夜分に電話をしたり、勤務時間外に相手のプライベートに介入するようなことは慎みます。

④清潔を心がける

人は見かけで判断されるものです。

髭は伸びたまま、髪はフケだらけ、ズボンの折り目もなく毎日おなじ服装、靴は泥だらけ――こんな状態に自分で気づかないようでは、いくら仕事を早く覚えたとしても、「一緒に出かけたくない」と嫌がられてしまいます。最低限の身だしなみに注意しましょう。周りの方を不快にするようでは困りものです。

⑤落ち着き

人やモノに振り回される人は信用できません。どのような事態が起こっても、必ず事実関係を確認し状況判断して対処できれば安心です。まずは、先輩や上司に連絡し、指示を仰ぐまでは冷静に行動しましょう。

以上のことを、「これくらいはいいだろう」で済ませている人はいませんか？

学生の時は大目に見てもらえても、企業ではそのような慣習の人は迷惑です。きちんとした態度で業務に臨む姿勢こそ、周りの人にも認めてもらえる信頼のおける人となり得るのです。

秘書からひと言！

厳しい言い方になりますが、自分の体調や自己管理ができない人に大切な仕事は任せられないのが現実です。いつ具合が悪くなるかわからない人を大切なプロジェクトに参加させて、どれくらいで終わるのかを把握できないと困るからです。

毎日健康的な生活習慣を心掛け、夜更かしを避ける、休日には思いっきりリフレッシュして気分転換をはかるように心がけましょう。休みの日だからと、ダラダラ過ごして、夕方になると憂鬱になるようでは、仕事が楽しくなるどころか会社に行くのさえままならないでしょう。体調の管理も自己管理のうちです。忘れずに。

1-2 身だしなみのマナー

仕事は自分一人で進めるものではなく、社内外の人と関わりながら成果をあげていくものです。そのためには、「他人に不愉快な思いをさせない」ことが欠かせません。

その前提に〝身だしなみ〟があります。12ページでもお話ししましたが、不潔な格好は好ましくありません。

何も、会社にキレイにして来なさいとか、おしゃれをして来なさいと言っているわけではありません。私は、「キレイにしてくるとは?」「おしゃれとはどういうこと?」と後輩に聞かれたら、「他人に不快な思いをさせない格好」と言います。華美に装うことではなく、左ページのように当たり前のことが当たり前にできている人、つまりメンテナンスが行き

ブラウスやワイシャツにアイロンがあたっている
ジャケットのボタンがキチンとついている
シミや汚れ、ほころびがない
靴が磨かれている
靴のかかとが捲れていない
ズボンの折り目がキチンとプレスされている
ダブルの裾がキチンと折り返されている

届いた人が本当におしゃれな人だと思います。

近づいたら鼻を衝くような香水をつけていたのでは、同じエレベーターにも乗りたくありません。TPOに応じた格好ができる人になりましょう。

相手が何も自分のことを知らないうちは、見た目で判断されてしまいます。

その判断の基準が、当たり前のことがきちんとできているかどうかという外見で判断されるのです。むしろ、外見こそあなたの内面を表わしていると言ってもいいでしょう。

新入社員のうちはリクルートスーツに身を包む方も、入社半年~1年も過ぎれば服装に変化が出てきます。制服がない女性の場合、カジュアルになりすぎないように注意が必要です。制服着用の会社でも、通勤時にカジュアルすぎる服装でいると、仕事帰りに書類を届けてくれないかなどと、急な用を頼まれたときに恥ずかしい思いをします。

秘書からひと言！

私が男性なら、ネイルケアに神経を注ぐ女性より、オーラルケアに神経を注ぐ女性とつき合いたいと思います。どんなに美しい爪でも、大笑いした時に歯の裏が真っ黒では幻滅です。見えにくいところにも大切にケアする精神を品よく感じます。

13 挨拶のマナー

ビジネスに限らず、どのようなシーンも挨拶から始まります。それくらい、人間関係は挨拶ぬきでは考えられないものです。挨拶は「気づいた人が、自分から」するのが基本ですが、される前に自分から挨拶することを心がけましょう。

相手が気づいていないから、挨拶しなくてもいいのではありません。こちらから先に挨拶すれば、相手が自分のことをよく覚えてくれるでしょう。また、挨拶には人間関係を円滑にする潤滑油の役目がありますから、ビジネスのさまざまなシーンに役立てましょう。

では、その場にふさわしい挨拶をご紹介します。

●会社付近・エレベーター・階段で
「おはようございます。今朝はいいお天気ですね」

（職場には慣れましたか？）

「お陰様でだいぶ慣れてまいりました」

（頑張ってくださいね）

「はい、ありがとうございます。よろしくお願いいたします」

●仕事中呼ばれたら・仕事を頼まれたら
「はい、お呼びでございましたでしょうか？」Or「失礼いたします」「参りました」

（コピーを20部ずつとってきてくれないか）

「はい。承知しました」Or「かしこまりました」

「お待たせいたしました」

（ちょっと、最後の一枚だけ汚れているよ）

「申し訳ございません。すぐにやりなおしてまいります」

●上司・先輩が外出するとき
「お気をつけて」「行ってらっしゃいませ」

●帰ってきたら
「おかえりなさい」Or「お疲れさまです」

●自分が外出するとき・戻ったとき
「○○に行ってまいります」
「ただいま戻りました」

●お願いするとき、たずねるとき
「恐れいります」（31ページ参照）
「よろしいでしょうか」

●来客と社内ですれちがったとき
「いらっしゃいませ」

●来客を見送るとき

「本日は、ご遠方からお越しいただきありがとうございました」

●自分が退社するとき

「他に何かご用はございますか」「お先に失礼いたします」

このように、場面ごとに自然に覚えていきます。

秘書からひと言！

自分に予定がある場合は、「申し訳ございませんが、予定がございまして本日はお先に失礼させていただきます」と率直に言ってもかまいません。
予定があるから黙って帰るのではなく、大切なことは声をかけるということです。

14 会釈とお辞儀のマナー

挨拶と同様に大切なのがお辞儀です。「挨拶とお辞儀はセット」と考えていいでしょう。実は、お辞儀にもＴＰＯがあります。お辞儀の角度によって〝丁寧度〟が変わるのです。正しいお辞儀を覚えて、身につけておきましょう。

①キチンと静止して、両足・指先を揃える
②男性の両手はズボンの横に、女性は左手を上にして両手を自分の前で組む
③相手より先に頭を下げ、後でゆっくり上げる

秘書が教える！ビジネスマナー
1章・社会人の基本マナー
④会釈とお辞儀のマナー

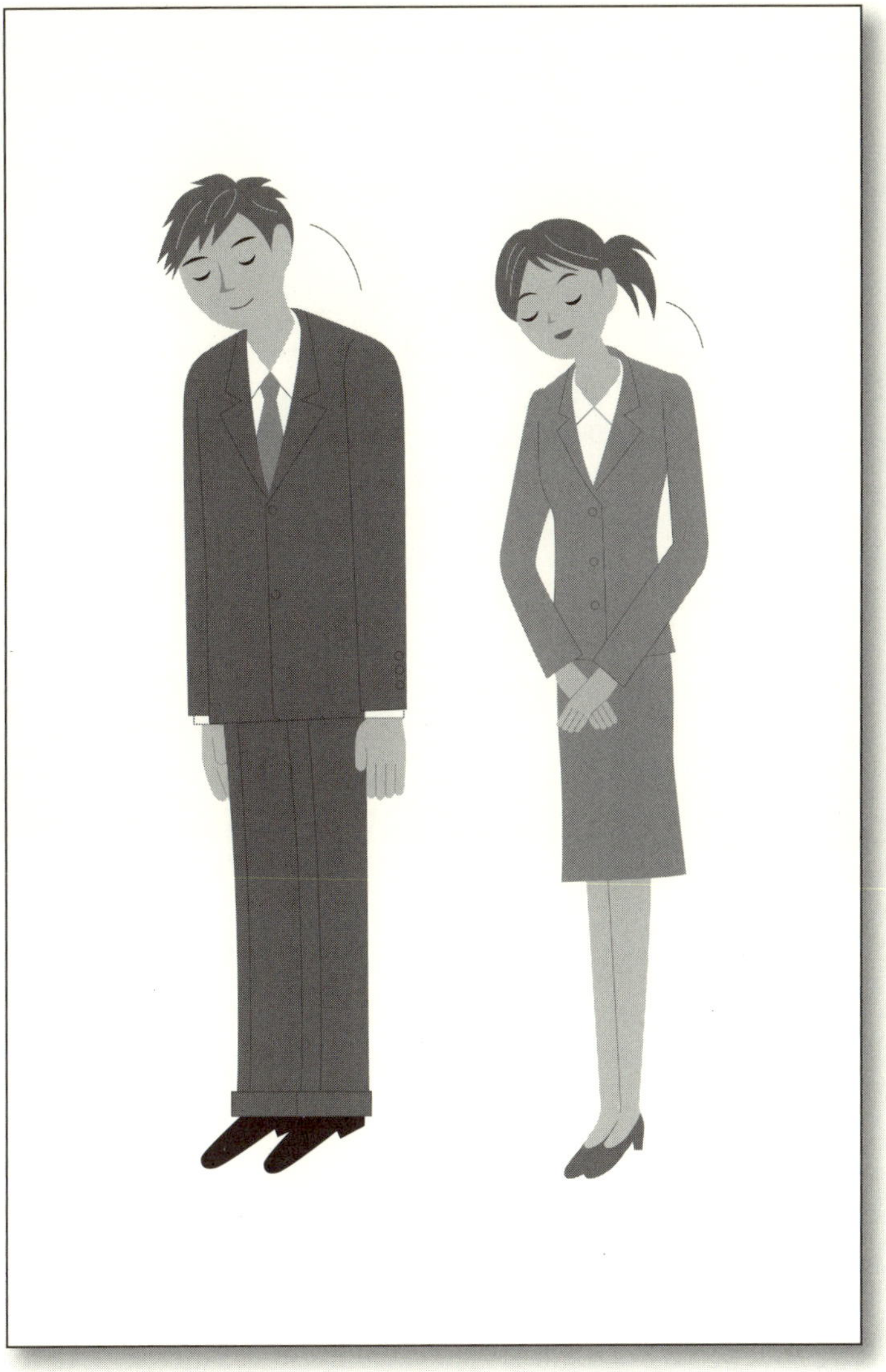

15°
30°
45°

◉お辞儀の傾斜角度と丁寧度

①45度…最敬礼といって、最も丁寧なお辞儀

正式な場面、お詫びなどに使用します（正式な場面とは、〝授賞式〟を思い出してください。最近はお詫びの記者会見をテレビで見かけることもありますね）。

②30度…敬礼といって、最も出てくる場面の多い丁寧なお辞儀

来客の送迎時、朝夕の挨拶などの日常に使用します。

③15度…会釈

社内でお客様とあった場合、同僚との挨拶、上司とすれ違う場合などに使用します。

これらの動作と言葉遣いを組み合わせることで、挨拶上手になります。

秘書からひと言！

③の会釈は、歩きながらするのではなく、会釈をする人に向かって一度立ち止まって会釈をすると、より丁寧な印象を与えます。特に女性の場合は、ウエストの位置で軽く両手を合わせ微笑みを添えるとよりエレガントです。

15 言葉遣いのマナー…1

職場には、それにふさわしい言葉遣いがあります。友達と話をするときと、上司と話をするときが同じ言葉遣いでは困りものです。しかし、それはどうしてでしょうか？

会社や組織の中では、さまざまな〝違い〟のある人たちと一緒に仕事をすることになります。〝違い〟というのは、たとえば、年齢だったり経験だったり、役職だったりしますが、その〝違い〟を今さら埋めることはできません。同じ年代に生まれ、同じ経験をすることもできなければ、すぐに同じ役職になることも困難です。

でも、敬語を使うことでその人たちと対等に話をすることができるのです。

また、言葉遣いは自分対相手の立場だけではなく、第三者に対しても影響を及ぼします。

たとえば、初対面の人があなたと年配の方との会話を耳にしたとします。初対面の人は、会話のやり取りで、親子や上司、先輩などの関係を判断するでしょう。言葉遣いだけで立派に相手との関係を表わしたり、対外的な業務の遂行にも影響を及ぼすものです。相手に合わせた敬語の使い分けをぜひマスターしましょう。

敬語には3つの種類があります。

尊敬語…相手の動作を高めて、相手に敬意を表わす言い方
謙譲語…自分、または身内をさげることで相手に敬意を表わす言い方
丁寧語…美しく、丁寧な言葉で相手に敬意を表わす言い方

それでは、関係別に使い方を覚えましょう。

◉尊敬語と謙譲語の違い

社内の上司と部下の場合〈上司 ⇕ 部下〉

尊敬語「佐藤部長、会合は何時におでかけになりますか?」
謙譲語「4時には必ずお届けにあがります」

	尊敬語	謙譲語
いる	いらっしゃる	おる
する	なさる	いたす
行く	いらっしゃる	参る
来る	いらっしゃる、お見えになる	参る
言う	おっしゃる	申す
聞く	お尋ねになる、お聞きになる	伺う、承る
見る	ご覧になる	拝見する
与える	下さる	差し上げる
知っている	ご存じ	存じている
食べる	召し上がる	いただく

社内で相手が複数いる場合〈社長 ⇕ 部長 ⇕ 自分〉

尊敬語「佐藤部長、社長がお見えになりました」

尊敬語「社長、佐藤部長がお持ちするようにとおっしゃっていました」

※この場合、自分より上の方は全員、尊敬語

謙譲語「私から先に申し上げてもよろしいでしょうか？」

※自分、または同僚には謙譲語をつかう

特に注意すべき言葉遣いには次のようなものがあります。

二重敬語・過剰敬語

お越しになられる
おっしゃられる
ご覧になられる
お見えになられる

これらは、「られ」を余計につけたため、過剰敬語になっています。

目上の方には使わない言葉
あなた、感心する、ご苦労さま、寸志
謙譲語と尊敬語の混在使用
おられる、もうされる、拝見される、いただかれる

⊙丁寧語の使い方

丁寧語には「です」「ます」、「お、御」などの接頭語をつけるもの、語尾に「ございます」などをつけるものがあります。

持ち物・動作につけるもの
例：お電話、お話、お荷物、ご訪問、ご出席、ご住所、ご希望
使わなくてもいいが、使わないと乱暴にきこえるもの
例：お酒、お水、お金、お茶、お昼、お化粧
習慣になっているので省くと意味が通じにくいもの
例：お参り、お辞儀、お洒落、ご飯、ご馳走
相手に向けた自分の動作
例：おことづて、ご案内、お悔やみ

16 言葉遣いのマナー…2

ビジネスの場面でマイナスイメージを持たれるもののひとつに「若者言葉」があります。
つい使ってしまっていないか、確認してみましょう。

平音な発音
「よくない?」「かれし」「かなりー」

〝ほう〟の乱用
「社長のほうは、ただ今外出しており、戻りましたらお電話のほう、差し上げます」

〝さ〟の乱用

「見させてください」

「やらさせてください」

「書かさせてください」

学生言葉
「ちょームカック」

「やばくない?」

「私てきには」

「マジっすか?」

⦿クッション用語を使おう

会話のはしばしに入れることで、簡単に会話を〝品よく〟する言葉があります。それがクッション用語です。ともすれば事務的な口調で、相手に冷たい印象をもたれかねない場面でも、それを回避できる秘訣です。ぜひ覚えておきましょう。

クッション用語の中で一番最初に覚えていただきたい言葉は「恐れ入ります」です!この「恐れ入ります」の使い方は多種多様!
(ドア付近で)先に譲ってもらったとき → 恐れ入ります
褒められたり、便宜を計ってもらったとき → 恐れ入ります
声をかけるとき → 恐れ入りますが
何かをお願いするとき → 恐れ入ります
ひと言で、お礼・謙遜・きっかけ・依頼などを意味する、パワー絶大の言葉です。

「恐れ入ります」
「失礼ですが」
「申し訳ございませんが」
「お差し支えなければ」
「恐縮ですが」
「お手数ではございますが」
「さしでがましいようですが」
「せっかくではございますが」
「もしよろしければ」
「勝手を申しますが」

1

仕事の心構え

学生時代、「勉強ができる」と言われる人がいたように、社会に出ても「仕事ができる」と言われる人が必ずいます。

その人たちは、生まれつきの秀才や実力派だったのでしょうか？実はそうではありません！

入社試験で合格ギリギリのラインで入社したにもかかわらず、その後の努力によって同期入社の方よりはるかに早く仕事を覚えた人もいます。

つまり、スタートラインは皆同じということです。

たまたま入社試験に不得意な問題が出題されたかも知れませんが、入社してからの心構えによって周囲から評価されるようになるのです。

●どんな些細な仕事でもバカにしないで一所懸命取り組む
●ミスをしないように細心の注意をもって仕事に臨む
●仕事を選ばず何にでも挑戦する
●わからないことはすぐに先輩や上司に質問して、わからないことをなくそうとする

こんな一つひとつの積み重ねで実力がつき、周囲からの評価につながるのです。

17 先輩とのおつき合いのマナー

入社して、はじめに仕事を教えてくれる人が先輩です。社内の設備、配属先の人員紹介から伝票の書き方にいたるまで、先輩から教わることは多岐にわたります。

気の合う人とだけつき合っていればよかった学生時代とは違い、社会ではさまざまなタイプの人とのつき合い方も学ばなくてはなりません。その第一歩が先輩です。

苦手な先輩を遠ざける、気の合う先輩ばかりに質問する、という傾向はありませんか？いろいろな先輩と接することは、自分の視野を狭くしないためにも大切なことです。いろいろなタイプの人を知ることで、自分の新たな面を発見することもできるのです。

堅苦しく考えずに、常に謙虚な気持で素直に教わる姿勢を持ちましょう。

笑顔であること（作り笑いでも仏頂面よりはマシ）

聞き上手であること（わからないことをそのままにしないで質問する）

仕事に関心を示す（背景と目的、その仕事で「何が大切か」を早めに理解する）

感謝の気持ちを忘れない（仕事を覚えることができたのは、教えてくださる人がいるお陰だということを忘れない）

ユーモアの精神を持つ（笑いを取り入れることで緊張がほぐれ親しみが湧く）

　最後に、第一印象で嫌な人だと思っていても挨拶だけは必ずしましょう。

　うち解けない人もいるかもしれませんが、100人中1人くらいは気の合わない人もいると割り切ることも時には必要です。

秘書からひと言！

愛想の悪い先輩でも、歓迎会などの飲み会で積極的に話しかけたら結構会話が進んだ、ということもあります。人にはタイプがあって、初対面からうち解けられる人もいれば、最初はどういう人なのかじっくり観察してから話す人もいるのです。
“飲みニケーション”も立派なコミュニケーションのチャンスです。アルコールが入っているときは緊張もほぐれていますから、これを利用しない手はありませんね。

18 上司・同僚とのおつき合いのマナー

私たちは日常、無意識のうちにコミュニケーションをとっていますが、コミュニケーションにはさまざまな場面で役割があります。

①言葉を交わし合うことで関係を深める

（仕事から帰社した上司に）「お帰りなさい。お疲れさまでした」

ひと言添えるだけで、関係を深める役割をする場合があります。帰ってきても、知らん顔ではよい関係は築けません。

②業務上の情報や意見、意思伝達などをする

「〇〇について私なりに調査した結果、〇〇も有効だと結果が出ておりましたので、業務効率をあげるためにもぜひ、ご意見をいただきたいのですが……」

相手からの意見や情報を理解することで、業務を円滑にします。先輩と後輩、上司と先輩、相手の状況、雰囲気などにより、言葉の使い方は変わります。相手の立場、役職、年齢、自分との関係に合わせたコミュニケーションが必要です。

③発散する

（給湯室などで）「ちょっと聞いてよ〜！」

前2つに属さない役割のコミュニケーションが「発散」を目的にしたものです。

女性にありがちな、同僚・先輩との給湯室での会話、移動中の車の中での会話など、無駄話に思えるものにもちゃんと役割があるのです。

相手に話をさせることで「発散させる」、そして、話を聞くことで「相手の感情を受け止める」というコミュニケーションです。職場の人間関係を保つには、相手が発散するものを上手に受け止めることも必要です。ただし、先入観を持ったり、聞いたことをあちこちに口外するのは厳禁です。

聞き上手になるためのポイントをあげます。

相手の目を見る…どんな場面でも大切
話をする相手の方向に自分の体を向ける…顔だけ相手のほうを向き、体を別のほうに向けて聞くのは横柄な印象を与える
うなずく…目線はこちらにあっても、じっとしては本当に聞いている？　と疑問
話の内容に合わせた表情…冷たい印象を持たれないためにも、楽しい話題には楽しそうに、悲しい話には悲しい表情でいる
タイミングよくあいづちをうつ…あいづちがないと、話の内容を理解していないように見える
話の腰を折らない…たとえ、相手の話からほかの内容の話を聞きたくても途中で話題を変えない
相手が話したい質問をする…相手が得意げに話すその内容こそ、もっと話したいこと。相手の感情を代弁する

最後に注意したいのは、「口答え」です。

イエスマンになれと言っているわけではありません。自分の意見を持つことは大切ですが、それを主張しすぎる部下を上司は好ましく思いません。それは自分の考えを軽視されているように感じるからです。

いったん「使いにくいな」「教えにくいな」という印象を持たれてしまうと自分自身が損をします。

体育会系の社員が好まれるのは、自己主張や反論をする前にまず「はい」と返事をしてテキパキ動く、そこから何かを学びとろうとする姿勢があるからです。あなたが体育会系出身者ではなくとも、精神面で体育会系を目指してみるのも悪くありませんよ。

秘書からひと言！

端的に言えば、人は自分にしか興味がありません。
ビジネスシーンでも恋愛でもその心理を理解して接してみましょう。
重要なポイントは、相手のことをできるだけ話題にする、認められていると相手に感じさせる、相手の求めていることを見つけるように心がけて会話する、といったことです。

2章

仕事の基本マナー

2-1 作業と仕事の違い

何かを頼まれたとき「言われたことだけをやる人」「言われたこと以上をする人」がいます。言われたことだけをするのは「作業」。その背景にあることを理解して期待以上の行動をするのが「仕事」です。

何もわからないで「作業」だけをしていたのでは、仕事が面白く感じるどころか苦痛になっていきます。仕事を自分にとって価値あるものにするか、そうでないものにするかは、その仕事の意味を考えることにあります。

日頃からより高い目標に挑戦して、自分の可能性を伸ばすように意識しましょう。目的を持つことで、自分自身を高められるのが「仕事」なのです。

たとえばそれは、単純に思えるコピー取りにも当てはまります。

上司から「コピーを30部ずつ会議用にとってきて」といわれたらどうしますか？

①指示通りにコピーする

②受け取った書類にさっと目を通し、「会議用の書類でしたら、事前に参加者に配布しておきましょうか？」と尋ねる

①が「作業」で②が「仕事」というのはおわかりいただけるでしょうか。

「コピーくらい自分でとればいいのに」などと思っているようでは、自分で自分の仕事を小さくしてしまいますよ。期待以上の仕事をしてくれる人には、今後もお願いしたくなります。

秘書からひと言！

秘書は上司からコピーを依頼されれば、必ず書類に目を通します。上司が現在どんな仕事に取り組んでいるか、そのためにどのようなことをしなければならないのか、取引先はどこか、また出張の予定が入るのではないか――など、書類からあらゆる情報を察知するためです。忙しい上司が、いちいち秘書に仕事の説明はしませんから、コピーが情報源となり得るのです。そのために自分がこれからしなくてはならないことが、わかってくるのです。情報が入ってこないと自分の仕事を小さくするだけでなく、機転をきかすこともできません。

2 2 正しい指示の受け方

的確に指示を受けることは、仕事の基本中の基本です。具体的な業務はすべてここから始まります。指示の受け方を間違えると大変なことになりかねません。それが原因で損害を被ることさえあります。指示を受けるときには、次のポイントを押さえましょう。

①呼ばれたら、どんなに忙しくても「はい」と元気な声で返事をする
②メモとペンを持参して上司のそばまで行く
③指示を聴く

④要点をメモする
⑤メモをもとに復唱確認する
⑥6W3Hに基づき、不明な点を確認する
⑦挨拶をして退席する

上司が緊急会議に入る際、「今から、会議に入らなければならなくなったが、山田さんから電話があれば取り次いでほしい」と言われました。

さて、あなたならどのような点に注意して上司に不明な点を確認しますか？

6W 3H

Who	誰が	（人）
Whom	誰に	（相手）
When	いつ・いつまでに	（時間）
Where	どこで・どこに	（場所）
What	何を	（内容・対象）
Why	なぜ	（理由・目的）
How	どのように	（方法・手段）
How Much	いくらで	（コスト・費用）
How Many	どれだけ	（数量・規模）

「どちらの会社の山田様でしょうか？」

社歴が長くなると、得意先に同じ名前の方がいらしても、上司の関わっている仕事の内容でどちらの会社の方なのかわかる場合もありますが、そうではないなら、確認して不明瞭な点を明確にしておかなければなりません。

「電話がかかってきたら、会議室に取り次いだらよろしいのでしょうか？」

会議室に内線電話をかける、メモを持ってお知らせする、などのケースがあります。

「どちらの会議室にいらっしゃいますか？」

上司の所在を明確にしておきます。

「会議の終了予定時間を教えていただけますか？」

他の方に聞かれた場合に必要です。

「山田様以外の電話でしたら、戻り次第折り返し電話させていただくと申し上げますが、緊急なら取り次いでもよろしいでしょうか？」

指示を受けた場合、不足している情報を補うことが指示を受けるということです。

秘書からひと言！

P44 ～ 45 のポイントについて補足します。
①：あえて、“元気な声”と強調しました！　自分では気づかないかもしれませんが、声には内面の心理状態が表われます。“面倒臭いな”“うるさいなあ”といった印象を持たれる声を出していては、指示するほうも不安です。③：疑問に思うことがあってもまずは最後まで聴きます。話の腰を折ってはいけません。⑤：ここで復唱確認しないと、書き間違いでミスになりかねませんので必ず確認します。

23

正しい報告の仕方

報告には、「中間報告」と「結果報告」の2種類があります。

「指示された仕事が終了しました」と上司に報告をした時点が本当の終了です。終了の報告をしていないものを終了とはいいません。

聞かれてから答えるのではなくて、自分から迅速に報告します。まだ終わっていなくても、途中経過を報告することで上司は安心し、そこに信頼関係も生まれます。

中間報告で「ここまでできました」と伝えることで、場合によっては、やり直しや「ここはこうして欲しかった」など相手の意向を聞くことも可能なのです。

「結果報告」するのは「終了した時点」と、タイミングが明確ですが、中間報告となるといつ報告するかが問題です。次のような状況で中間報告をしましょう。

①上司の指示の進行計画が立ったとき

この時点なら、修正・変更も可能です。

②計画通りにことが進まないとき

無理な計画をしていなかったか、勝手な判断でミスを防ぐための報告です。

③ミスを発見して予定通り進まないとき

④他の仕事を頼まれたとき

⑤予期せぬ状況、計画通りに仕事がはかどらない、判断に迷いが生じたとき

いずれの場合も、迅速・簡潔・正確に報告することを心がけてください。

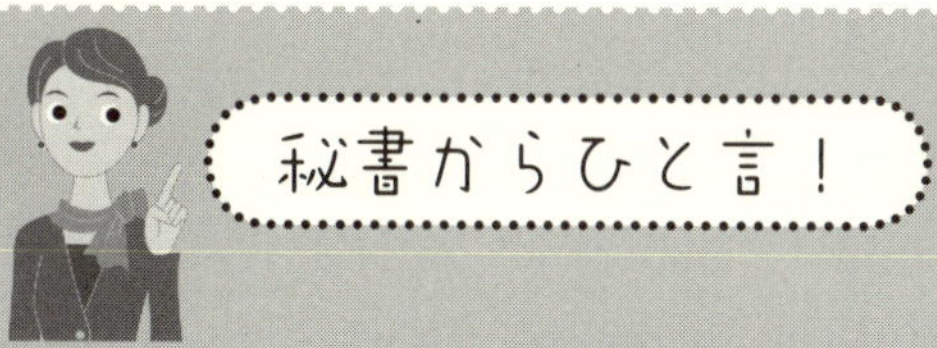

計画通りにことが進んでいない場合でも、落ち込むことはありません。上司・先輩も、失敗を経験してきているのです。大切なのは、失敗を「過去のこと」とやり過ごすのではなく、成功までの通過点にすることです。P60～61を参考に、必ず記録として残しておきましょう。

24

効率的な仕事の進め方

仕事には、かならず「締め切り」があります。新入社員のうちから、効率的に仕事を進めるポイントを習得しましょう。そのためには、次のような点に注意します。

①優先順位をつける

明日の午前中の会議の資料作成と、郵便局への送金。指示された時点で、どちらが先か判断します。

②ひとつの仕事をまとめてする

文書作成など、いくつか同じ仕事があれば、まとめてすることで効率があがります。外出の予定があれば、ついでに送金、ついでに参考資料の買い出し、というように社内の仕事、社外での仕事、まとめて行ないます。

③何ごとも前半集中主義でとりかかる

1日なら、午前中。1週間なら水曜日まで、というように前半に終わらせるつもりで取り組むと、変更があっても慌てません。

④長くかかりそうな仕事は中間目標をたてる

これは肝心です！　上司に仕事を頼まれていても、どれくらいかかるか自分の仕事

の処理時間が把握できていない場合は、「とりあえず」でも構いませんので、報告します。その上で、最終の締め切りまでの中間目標を決めます。これは③の「前半集中主義」にのっとった理念です。

⑤予定通りにいかないことを予測にいれる

「あと何日あるから、大丈夫だろう」と思っていても、やむを得ない状況で作業が進められないこともあります。

⑥絶対にひとりで抱え込まない

間に合わないと思ったら、前もって上司に相談します。

⑦嫌な仕事ほど先に片づける

どうしても嫌な仕事はダラダラやってしまいがちです。仕事の種類によっては、協力してもらうことであっという間に片づくこともありますから、先に着手しましょう。

⑧電話はこちらからかける

電話を入れた相手から、返事の連絡が来ない場合があります。それは、相手が単に忘れていたり、回答が未定だったりします。待っているより、こちらから電話をかけるほうが仕事ははかどります。

⑨雑用をバカにしない

ひとつの仕事が長時間にわたると、どうしても集中力が落ちてきます。こういう場合の気分転換には、雑用がうってつけです。周囲も助かるし、自分もリフレッシュできるので、煮詰まってきたらやってみてください。

秘書からひと言！

意外と役にたつのが、過去の自分の仕事の記録です。「過去にこれをしてムダだった」とか、「これは思いのほか時間がかかった」などという記録は新たな仕事の計画の目安になります。ぜひ試してみてください。

25 仕事に優先順位をつける

仕事に優先順位をつけることを priority setting（プライオリティ・セッティング）と言います。上司から複数の指示を受けた場合「何が重要」かを判断し、どのような順番で仕事を進めるかを決めることです。

たとえば、こんな指示を受けたら——

「ハワイのA氏に電話を入れてつないでください。この書類をすぐ（ワードで）打ってください。10時から、部長4名を呼んで会議をします。こっちの書類もコピーして。それから10日の19時、レトランBで6名、個室を予約してください」

そうなると、ハワイとの時差は、19時間ですから、こちらが8時だとあちらは13時。ランチから戻るか戻らないかの時間ですから、こちらは9時過ぎに電話をかけます。文書を作成しているあいだにハワイに電話をすることを忘れないように、携帯電話のタイマーをセットしておきます。それまでに、会議室を予約してから部長4名に会議のお知らせをしなくてはなりません。

ワードで打つ書類は、会議に使用するものなので大急ぎで作成します。A4サイズ6枚、2行ごとに空欄が入っていて表の入力もありません。これなら1時間あれば大丈夫です。

書類作成途中にタイマーが時間を知らせてくれました。ハワイに電話してA氏に取り次いでもらい、上司に代わります。コピーの書類も会議用でしたから、書類作成後、上司を含めた5名分を用意して会議室に並べておき

秘書からひと言！

するべきことを付箋に記入し、目につくところへ貼りつけることもひとつの方法です。
しかし、モーレツに忙しい時はそれすら目に入らないことだってありました。
よって、重要なことは携帯電話の予約タイマーを多いに利用して音で知らせています。
また、あらかじめ ToDo リストにも入力できます。

ます。上司が会議に入った頃には、10時も過ぎていますから、レストランの予約を入れておきます。

これで、やっと一息つけます。

このように、優先順位を決める基準は「緊急性」と「重要性」です。毎日、大量の仕事に追われている私たちは、少しでも効率よく効果的に業務を遂行することが求められます。そのためには、全体の状況や仕事の関連などを日頃から把握していくようにすることです。

成長する人はやっている！　自分を高めるちょっとした習慣

2

「自己啓発」しよう！

「自己啓発」という言葉を聞いたことはあるでしょうか？「セルフ・デベロップメント（Self Development）」を訳したもので、「自己開発」とか「自己成長」を意味します。今日より明日の自分が向上しているという考え方です。自分の能力をアップさせることで、自己実現を目標とします。

入社したばかりの頃は、担当範囲の仕事を覚えるのに精一杯だったとしても、より高い目標にチャレンジしてステップアップすることで、自分の可能性を高めていくということです。

このように書くと、お稽古事にいそしむことや、資格取得のために学校に通うことを連想される方もいらっしゃると思いますが、それだけが自己啓発ではありません。

些細なことでも「今日より明日の自分を向上させる」ことすべてを指します。そんな思考と習慣を身につけることで、数年後には大きな力となって差が出てくるでしょう。

学ぶ姿勢を持つことで、自分の夢が広がります。

また、自分を高めるようと努力している姿を上司は見ています。新入社員が「伸びる人間」か「伸びない人間」かを見抜いているのです。

どんな仕事に就いても「欲しい！」と思われる人材になれるようになってほしいと思います。

そのためには、あなたはこれから特技を見つけていく必要があり、自己啓発は怠っていけないものなのです。

26 自分の仕事をマネジメントする

入社当初は、先輩がついて仕事を教えてくれますが、ある程度の時期になるとあなたも仕事を任されるようになります。

そこで意識しなくてはならないのが「自分の仕事をマネジメント」することです。

仕事には、日課のように毎日行なう仕事、期間が限られている仕事、単発的な仕事と、実にさまざまあります。それを効率的にこなすことを考えるにあたって身につけなくてはならないのが、「P－D－C－A」というサイクルです。

たとえば、上司から「新製品の展示会」を企画するよう指示があったら、左の図のように進めましょう。

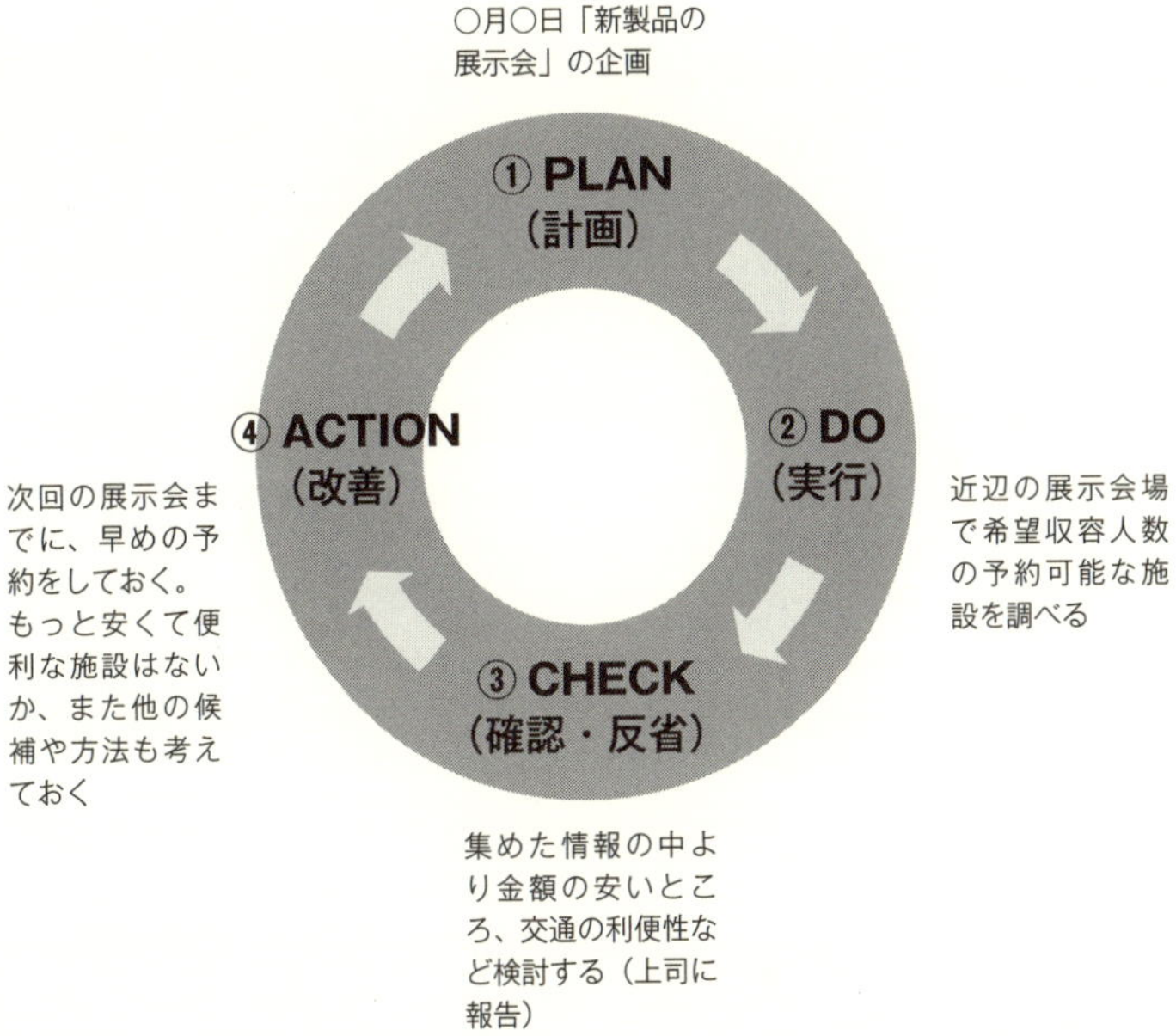
○月○日「新製品の展示会」の企画
① PLAN（計画）
② DO（実行）
近辺の展示会場で希望収容人数の予約可能な施設を調べる
③ CHECK（確認・反省）
集めた情報の中より金額の安いところ、交通の利便性など検討する（上司に報告）
④ ACTION（改善）
次回の展示会までに、早めの予約をしておく。もっと安くて便利な施設はないか、また他の候補や方法も考えておく

⊙Dについての注意点

最後までやり遂げることを肝に銘じます。計画通りに実行されているかをチェックして、時間がかかる場合は必ず上司に報告をします。状況が変っても同じです。

⊙Cについての注意点

実行の結果に間違いはなかったか、目的に応じていたか、依頼の内容にあっていたか、などを確認します。D～Aにあたって、指示を受けた時点でもっと確認しておくべきことはなかったか、計画に無理や無駄はなかったか、どうすればより効果的に結果が出せるのか、などを考慮して次に活かします。また、協力者へのお礼も忘れずに！

27 日常業務を見直す

日常業務を見直すために、1週間くらいで結構ですから、あなたが行なった仕事・作業を書き出してみましょう（業務日報があればそれを見直しましょう）。

それをもとに「職務内容表」を作成します。

職務内容表をもとに、「作業分析表」を作成します。作業区分の中から1項目を選び、仕事の手順を詳細に記入します。

⊙職務内容表

	区分	職務内容	備考
1	庶務	電話応対 来客応対	 10:30
2	業務	先輩と取引先同行 業務週報の回付 商品管理 不足品の発注	14:00 週１回（月曜朝）
3	文書	会議資料作成 （商品会議用）	月木

①いつ、誰から、どこから、どのように（上司の指示、伝表、連絡、依頼）くるのか
②その仕事の処理をどのようにしたか
③結果をいつ、誰に、どのような形で報告したか
④その仕事を進めるにあたっての注意点
⑤自分の体験から得たコツ
⑥上司、先輩からの申し送り
⑦仕事量
⑧優先順位、締切日連絡担当者、社内

※能力の評価
判断力
実行力
交渉力
実務知識
基礎知識

※取組姿勢の評価
規律性
責任性
積極性
協調性
コスト意識

◉作業分析表

	業　務		評　価	
2	先輩と取引先同行	・7/30　15:30　東洋物産／山上様へ ・山田部長より田中先輩に同行せよと指示有 ・田中先輩と一緒に資料を提示して商品説明 ・山上様は好感触だが金額に折り合わず、 ・会社に戻り再検討することになる ・田中先輩→山田部長に相談 ・田中先輩の指示で商品室へ○○の出荷確認 ・出荷日を田中先輩、山田部長へ報告 ・次回のアポイントメントをとる ＜商談の結果＞ ・・・・・・・	㊚交	㊚積 協 責

での相談相手

⑨なぜ、そういう処理を行ったのか、結果も記入

このように作成したマニュアルは、後輩への指導、引き継ぎ用、担当者不在時などに活用できます。また、日常の仕事を見直すことで、正しく遂行されているか、仕事量に対する時間の把握、改善するべき点が見えてきます。

3章

電話応対のマナー

3 1 ビジネス電話の基本マナー

電話は、目の前にいない相手と話をするものですから、対面での会話以上に注意が必要です。電話では表情や雰囲気までわかりませんから、普段以上に発する言葉一つひとつを大切にする必要があるのです。

ちょっとしたコツを覚えると安心です。

①明るく柔らかな声で話す

「君の声は実際にはそうでもないのに、電話だとなぜか甲高く感じるよ」と言われることはありませんか？　簡潔に話そうと意識しすぎて、緊張するのかもしれません。

対面ではそうでなくても、電話だと声が高くなる人がいます。反対に、自信がないのかぼそぼそと話す方も。内容はともかく、まずは柔らかい声を心がけましょう。明るい声は、「相手を受け入れている」印象を与えます。

②正確に話す

聞き取りにくくても、曖昧に聞いたままで取り次ぐことはタブーです。

私にも、「下請け業者の名前で上司に取り次いだら、実は得意先だった」という失敗があります。特に発音が似ている会社名は要注意ですが、それも最初のうちだけです。

必ず、復唱確認をする、メモを取る。わからないことは、取り次いだ後で先輩や上司に確認をとるようにします。

③簡潔に話す

かける時は、要点をまとめておきます。用件が複数ある場合は箇条書きにしてチェックしながら話すと、話し漏れがありません。6W3H（45ページ参照）を意識して話します。

ポイントを手短に話すのが基本ですが、相手が忙しい場合は用件のみを伝えて、後はFAXや電子メールを利用する方法もあります。

④姿勢よく話す

意外に思われるかもしれませんが、声と姿勢は直結しています。うつむいて話すと声が低くなって聞き苦しくなるので、姿勢を正して顔をあげて話すようにします。

⑤ぞんざいな言い方になっていないか?

気づかないうちに早口になって相手が聞き取りにくいようでは困りものです。

⑥終始一貫した声のトーンで話す

話の内容はいつもよいこととは限りません。クレームの電話や、重要なアポイントメントの電話などもありますが、相手が名乗ったとたんにうやうやしい態度に変えてはいけません。第一声から明るく対応しましょう。

秘書からひと言!

「漢語を使わない」というのもポイントです。「何時ごろ帰社なさいますか」よりも、「何時ごろお戻りになりますか」。「会議は3時に開始します」より「会議は3時から始めます」のほうがわかりやすいのです。

3-2 かけ方の基本マナー

私は入社間もない頃、上司から「電話しておけ！」と言われているにもかかわらず、そのままランチに出かけた先輩社員を見て「なんて怖いもの知らずなの!?」と思っていました。しかし、今ならどうしてすぐに電話をかけなかったのかがわかります。

ランチタイム（12時）の5分前だったのです。

ビジネスに限ったことではありませんが、電話をかける場合には、適切な時間であるかどうかを考える必要があるのです。かける前に次の点を押えておきましょう。

①ランチタイム、就業時間外、夜遅くなどは避ける

②かける前に、相手の氏名や部署名、役職名を確認

③話す内容に漏れのないよう、順番にメモをしておく

④相手が出たら、取り次ぎをお願いする

「こちらは○○会社の○○課の○○と申しますが、○○課の○○さんをお願いいたします」

⑤名指し人が出たら、自分の名前を名乗り、挨拶

「私、○○会社の○○です。いつもお世話になっております」

⑥初めて話す相手なら、いきなり用件を切り出すのではなく、簡単に自己紹介する

「このたび、営業部に配属されました○○と申します。○○課長の下で○○の担当をしております」(これくらいなら構いませんが、あまり長くなるのは感心しません)

用件は6W3H(45ページ参照)の要領で話す。相手の都合も考え、長電話は避ける

⑦最後に要点を簡単に確認する

「では○○の件は、明日ご連絡いただけるということですね。よろしくお願いいたします」

話が終わったら、かけたほうから切るのが基本

3　受け方の基本マナー

次に、電話の受け方の基本的なルールも覚えておきましょう。

①ベルが鳴ったら2コール以内で出る。3コール以上になってしまった場合は「お待たせしました」と第一声で言う

「はい、○○会社○○部でございます」

会社によっては、社名だけ名乗るところ、社名と部署まで名乗るところ、または「○○会社○○部、◎◎でございます」のように受けた者の名字まで名乗るところもあります。ご自身の会社の言い方を確認してみてください（内線電話の場合なら、「はい。○○部で

ございます」で問題ありません)。

②相手を確認したら、挨拶

「いつもお世話になっております」

③名のらない場合は、丁寧に確認

「恐れ入りますが、どちら様でいらっしゃいますか?」

④用件は必ずメモを取って聞く。話が終わったら、復唱して用件を確認

⑤最後に「ありがとうございました」と挨拶し、相手が切ったのを確認して受話器を置く

秘書からひと言!

最近は個人の携帯電話でかけてくる方も増えています。出先から即座に用件を伝える手段としては便利ですが、場所によっては電波が繋がりにくいところもあります。
ある時、後輩が何度も電話口で「もしもし」をくりかえしていました。どうやら、相手が携帯電話からかけている気配です。このような場合、「もしもし」より「はい、○○会社○○部でございます」と言ったほうが、相手は安心して話を始められます。

3 4

取次ぎの基本マナー

受け方の基本ができていても、取り次ぎ方がイマイチでは電話の応対をマスターしたとはいえません。ありがちな、ちょっと難しいケースをあげてみしょう。

①名乗ってくださったものの、社名が長くて聞き取りにくい場合

「申し訳ございませんが、もう一度ご社名をお聞かせ願えますか？」

※聞き取れているところまで復唱してみます。止まったところから相手がまた続けてくれます。

「申し訳ございません、少しお電話が遠いようで聞き取りにくかったのですが、もう一度おっしゃっていただけないでしょうか？」

②「○○ですが、△△部長お願いします」と社名を言ってくださらない場合

「恐れ入りますが、どちらの○○様でいらっしゃいますか?」

③社名と名前を伺うことを意識しすぎて、誰に取り次ぐのかを忘れてしまった場合

「申し訳ございません。私どものどちらに、おつなぎすればよろしかった(の)でしょうか?」

「申し訳ございません。(私どもの)おつなぎする者の名前をもう一度お願いいたします」

「申し訳ございません。(私どもの)おつなぎする者の名前をもう一度お聞かせ願えませんでしょうか」

※いずれの場合も、必ずお詫びの言葉を先に言うのがポイント

④名指し人は「佐藤さん」。しかし佐藤さんが2人いる場合

「佐藤は2人おりますが、○○(下の名前を言う)か、○○かおわかりでしょうか?」

「部長の佐藤と一般社員の佐藤がおりますが、どちらかおわかりになりますか?」

「申し訳ございませんが、ご用件をお聞かせ願えますか? ◎◎の件でございますね。

ただ今確認して参りますので、少々お待ちくださいませ」
と言って、双方の佐藤さんに
「◎◎の件で□□の△△様からお電話が入っておりますが、お心当たりはございませんか？」と確認する。
※同姓の人間が複数いる場合は、部署、下の名前（フルネーム）、性別、役職、用件など違いを明確にしてから取り次ぐ

秘書からひと言！

「③誰に取り次ぐのか忘れてしまった場合」で紹介した「おつなぎすればよろしかった（の）でしょうか」は一見、“ファーストフード敬語”や“コンビニ”敬語に聞こえるかもしれませんが、自分の非（この場合、取り次ぐ相手を忘れたこと）はすでに過去になってしまった、という考え方から過去形にしています。会話として間違いではありませんが、コンビニ敬語と間違われそうなら、その後に紹介した言い方に変えてみましょう。

成長する人はやっている！　自分を高めるちょっとした習慣

3
自己啓発のやり方

「自己啓発」を具体的に実践するには、以下の手順で取り組みましょう。

①自分を知る

「自分はどんな仕事をしている時が一番楽しいか」を早めに見つけましょう。実務をこなしているとき、営業しているとき、分析しているとき――なんでもいいのです。

まず、自分で自分を知るために何にでもチャレンジしてみましょう。マスターすれば楽しくなって得意になることもあります。一度や二度の失敗で苦手と決めつけてはいけません。

②目標を具体的に決める

たとえば「事務処理」が得意だとしたら、同じ部署の中で誰よりも早く正確に終了するように、時間設定してみます。人より早く終わらせたことで、新しい仕事を覚えるチャンスが出てきます。

③自分に合った方法を選ぶ

最初は人真似でも、徐々に自分に合うやり方がわかってくるでしょう。“教えてもらったのはこうだけど、こっちのほうが自分に合っている”と思えば、どんどん改善して自分に合う効率のよい方法を実践していきましょう。

④実行と継続

何となくこれがあっているな、とか何気なく挑戦してみたことが面白くなってきたらどんどん実行しましょう。途中でやめないで継続するからこそ上達してきます。

35 担当者が電話に出られないときは？

さっきまで在席していたのに、電話を取り次ごうとしたら離席していた、などということは日常茶飯事です。担当者が電話に出られないケースを考えてみましょう。

①外出
②出張
③会議中
④他の電話に出ている
⑤在席しているが居留守を頼まれる
⑥トイレに行くと言ったまま30分戻らない

多いのはこんなケースでしょう。ここで大切なのは、どのようなケースでも相手の立場になって応対するということです。外出、会議――いずれの場合でも相手が知りたいことは、電話に出られない理由ではなく、いつになったら連絡がとれるのかということです。

①外出の場合

「ただ今、外出しておりまして、○時の帰社予定です。戻り次第お電話差し上げるようにいたしましょうか？」（折り返しの電話を提案）

帰社予定が不明の場合は、折り返しの電話を提案し、「いつまでにご連絡差し上げればよろしいでしょうか？」と相手の都合も確認します。

また、伝言を頼まれた場合は正確にメモをします。

②出張の場合

次回の出社が翌週となるようなときは、「よろしければ、ご用件を承りましょうか？」と伝言につなげます。早めに連絡が取りたいような様子が伺えたら「私から、○○に連絡を取りまして、△△様にお電話差し上げるようにいたします」と提案します。

しかし、すぐに連絡が取れない場合も考えられるので「いつまでにご連絡差し上げればよろしいでしょうか?」と相手の都合も確認します。

③会議中の場合

「ただ今、会議中でございまして、3時には終わる予定でございます。戻り次第お電話差し上げるようにいたしましょうか?」

　これも、折り返しの電話を提案してみます。

　もし、難色を示すようであれば、「お急ぎのご用件でしょうか?」と確認し、急ぎを確認したら会議室の担当者に取り次ぐ。この場合、会議の話の腰を折らないよう、内線より下のようなメモを持っていくほうが好ましいでしょう。

ただ今＿＿＿＿＿＿＿＿様より

＿＿＿＿番にお電話です

1．　すぐ出る

2．　折返し

3．　ご用件を伺っておく

④他の電話に出ている場合

「あいにく他の電話に出ております。終

わり次第ご連絡差し上げるようにいたしましょうか」（相手の意向を伺う）
「すぐに終わりそうですか？」と聞かれるなど、待ってもよさそうな意向がみえたら、「メモを入れて確認しますので、少々お待ち願えますか？」と言い、担当者にメモを見せる。
右のような簡単なメモをあらかじめ作成しておくと、確認がとりやすくなります。

⑤居留守、⑥不明の場合

このようなことは好ましいことではありませんが、やむを得ない場合もあるので、まずは、基本通り「かしこまりました。少々お待ちください」と、いるともいないとも言わないのが肝心です。居留守を頼まれたのであれば、「外出ということでよろしいのでしょうか？」と確認し、「何時にお戻りになることにしますか？」と決めておきます。その内容に合わせた応対で電話に出ます。

いずれの場合でも、会社名、役職、部署名、氏名を確認し、最後に「たしかに◎◎が承りました」とつけ加えます。

36 伝言の受け方・伝え方

担当者の不在中に受けた電話は、伝言があればきちんと内容を復唱した上で確認し、メモ書きして担当者に伝えます。「電話があったことをお伝えください」という内容でも、メモを残しておきます。

戻って来られてから口頭で伝えればいいと思っていても、言い忘れてしまったり、自分が他の用件で席を離れているかもしれませんから、必ずメモを残します。

読む側も書く側にも簡潔でわかりやすい伝言メモを作っておくと便利です。

電話伝言メモ

日付　　月　　日（　　）
①
午前・午後　　　　時　　　　分

　　　　　　　　　　　　　　　　様へ

②　　　　　　　　　　　　　　　様より

③
□お電話がありました
□折返しお電話をいただきたい　（④　　　　）－
□またお電話します　　　　　（　日　　時　　分頃）
□ご用件は以下の通りです

⑤
……………………………………………
……………………………………………
……………………………………………
……………………………………………

⑥⑦　　　　　　　受

①時間は午前か午後か区別がつくように　②漢字のわからないところは、仮名で書く　③1行目に用件を書く　④折り返しの電話を依頼されたら、念のため電話番号を聞き書く　⑤用件は箇条書きに　⑥日付は「2／4」などのように入れる　⑦受けた人のサインを入れる

①メモは必ず、相手の目にする場所に貼る

②担当者が戻ってきたら、電話があったことを口頭で伝える

メモを残しているとはいえ、書類に紛れて担当者が気づかないケースもあるため、念のため口頭でも伝える。

③出先から連絡が入ったら、自分が受けた電話でなくとも、机の上のメモはすべて読み上げる

④読み上げて伝えた場合でも勝手に捨ててしまわず、戻ってくるまでそのままにしておく

捨ててしまってから「あのメモ、どうした？」と言われてゴミ箱を探した経験があります！

⑤「3／4　連絡済。○○（伝言者の名前）」などと記入しておくと、連絡がついているのかいないのか、また、いつ、誰が伝言したのかがわかるので、メモを受け取った人が気を揉まずに済む

成長する人はやっている！　自分を高めるちょっとした習慣

4

知識をつけてスキルアップしよう！

仕事を進める上で必要な知識に「業務知識」「商品知識」「関連知識」といったものがあります。これらの知識を向上させることは、社会人にとって必須！

職歴が長くなれば知識は増えていくものですが、自発的にスキル（技術）を身につけたほうが、あなた自身の能力開発になります。つまり受身ではなく積極的に取り組むことです。

そこで、今どのような知識とスキルが必要なのか、自分に何ができていて何ができていないかを確認し、どのような方法でそれを補うのかを考えてみましょう。

⊙自分に必要な知識を書き出そう

⑴会社・商品に関する知識	
・商品知識	
・年間売上	○億円
・年間売上高の前年比	8.6％増
・主要製品	「ドキュメント○○」
・主要取引先	○○物産、○○商事
・主な競合	□※企画
⑵業務遂行に関する知識	
・業務の流れ	
・関連知識（業界の流れ）	

37 アポイントメントの取り方

「アポイントメント」とは、人と会うための約束のことです。会社に来られる場合もこちらから訪問する場合も、あらかじめ電話で予約をしてからお会いするのがビジネスマナーです。

なぜ、そうするのでしょうか？

いきなり訪問して相手が不在なら無駄足になりますし、反対に、大切な会議の最中に訪問されたら迷惑です。相手の状況を無視することなく、効率的に仕事を進めるには、あらかじめお互いの都合について確認、承諾を得ておくことが大切です。

では、アポイントメントを取るにあたっての注意点をご紹介します。

かけ手	受け手
	はい、○○会社でございます。
◎◎商会 営業部の山田と申しますが 課長の佐藤様はいらっしゃいますでしょうか。	
	◎◎商会営業部の山田様ですね。 少々お待ち下さいませ。
	お待たせしました、佐藤でございます。
いつもお世話になっております ◎◎商会営業部の山田でございます。	
	こちらこそ、お世話になっております。
実は御社の○○新規プロジェクトの件で お目にかかりたく、よろしければ来週あたり お伺いしたいのですがご都合はいかがでしょうか。	
	来週でございますね…（確認中） でしたら、火曜日の午後か木曜日では いかがでしょうか？
では○日の火曜日 14 時から 1 時間くらいで お願いできないでしょうか。	
	○日の火曜 14 時、こちらにお越しくださるということでございますね。
はい、さようでございます。	
	かしこまりました。お待ちいたしております。
では、○日火曜日 14 時にお伺いさせていただきます。よろしくお願いいたします。	
	こちらこそ、よろしくお願いいたします。
失礼いたします。	失礼いたします。

①自分の会社名・所属部署・氏名を名乗る
②どのような用件で
③誰に
④どれくらいの時間を要するか
⑤こちらの都合だけでなく、相手の都合にも配慮した言い方をする
⑥都合のよい日程を複数用意しておく

アポイントメントは電話でお願いするのが一般的ですが、相手が不在などの場合にはメールでお伺いをたてるときもあります。

⦿メールでアポイントメントをとる場合

弊社○○（←名前）が、貴社 開発部

部長○○様とお目にかかって新商品のご説明にお伺いしたいと申しております。

つきましては、アポイントの調整をさせていただきたく 本日○日メールをさせていただきました。

誠に勝手を申しますが、以下２つの候補日にてご都合お聞かせいただけませんでしょうか。

・５月１６日（水）　１０時より

・５月２４日（木）　１４時より

お忙しいところ恐れ入りますが、何卒ご検討いただきますようお願い申し上げます。

38

クレーム電話がかかってきたら

仕事をしていれば、大なり小なりクレームが発生することでしょう。ときには苦情の電話をとるかもしれませんが、逃げ腰になってはいけません。

いきなり電話口で怒鳴られるかもしれませんが、こういう時こそ落ち着いて対処することが必要です。くれぐれもカッとなって言い返さずに、起こってしまったトラブルに対して、精神誠意で相手の話を理解しようという姿勢で聞きます。

①まず「ご迷惑をおかけして申し訳ございません」とお詫びの言葉を述べる

相手の話が終わらないうちに謝るとかえって怒らせる場合もありますし、黙って聞いているだけでは冷淡な印象を与えるので注意。

②たとえ相手の勘違いでも、話を最後まで聞く

苦情の電話は「相手の怒りを鎮める」、これに尽きます。相手もひとしきり、怒りをぶつけてきたら多少はすっとするものです。冷静になってから言い過ぎたと思うかも知れません。

③ひととおり聞いたら、内容を確認し対策を伝える

④見当違いの内容でも、「お知らせくださりありがとうございました」または、「大変失礼しました」と気持ちを込めて言う

⑤時間がかかりそうな場合は、「お時間をいただきますが、必ずご連絡申し上げます」と伝えて、相手の連絡先と名前を確認して電話を切る

こういう電話も受けることで電話の応対に自信がつきます。これも経験です。

秘書からひと言！

上司に代わってもらうほうがいい場合、すぐに答えられない場合は「大変申し訳ございません。その件につきましては、担当の者に代わります」と言う。クレーム電話を代わって対処してもらった場合は、必ず先輩や上司のトークを勉強しましょう。使えそうな言い回しはメモをしておきます。

39 セールス電話がかかってきたら

仕事に集中しているときに、聞いたことのない名前の会社から電話。「新規のお客さまかもしれない」と淡い期待を込めて電話に出てみたら、まるでマニュアルの棒読みかと思うようなセールストークのオンパレード。それは〝○○のご提案〟と称するセールスの電話です。

はじめのうちは、かかってくる電話に丁寧な口調で応対していた上司も、何度も同じような電話が入るので困惑気味です。そのうち「セールスの電話は取り次がないでくれ」と言われることでしょう。

でも、どれがセールスの電話なのか、判断のしづらいところではないでしょうか？

①「○○の件に関しましていらっしゃいますか」「先日、○○に関しまして資料をお送りさせていただいたのですが」

担当者の名前を知らずに電話をかけてくる、またはあらかじめ資料を送付して後から電話をかけてくるのはセールス電話の場合が多い。本当に必要なことなら、提案される前にこちらから準備しています。

②「○○さん（上司の名前）いる?」

いかにも親しい友人であるかのような言い方も要注意。必ず、「どちら様ですか」あるいは「どちらの○○様（相手の名前）ですか?」と確認し、あまり聞き慣れない社名の方なら、上司はいるともいないとも言わずに「少々お待ちください」と言って上司に確認する。

営業の電話であっても、やみくもに断るだけでは、相手も仕事ですから何度もかかってきます。「会議中です」「外出しています」などと言って一度は切り抜けても相手の見込み客リストから名前（社名・担当者名）が削除されるわけではありません。

ここは、ひとまず「外出（会議中）しておりますので代わりにご用件を伺います」または「前回もお電話をいただきまして、もし不在にしていたら代わりに伺うように言われております」と言い、そして最後に「どちらかのご紹介でいらっしゃいますか?」と付け加えます。紹介でないことはわかっていますが、ここがポイントです！

用件を聞いたら、「申し訳ございません。その件につきましては、あいにく取引先の方からたくさんのご案内をいただいておりまして、このたびは辞退させていただきたいと存じます」と言います。

一度は営業トークをすることができたので、二度とかかってくることはありません。

また、この言い方なら〝あなたも大変だろうけど、うちも義理があるのよ〟的なニュアンスがくみ取られ退散してもらえます。

4章

来客応対のマナー

4-1 お客様を迎える準備

来客の予定が入っているときは、あらかじめ以下の準備・チェックをしておきましょう。

①応接室・会議室の予約
②目的に応じた室内の備品の確保（ホワイトボード・ペン・パソコン・スクリーン等）
③受付、上司、同僚に来客の会社名、名前、来社予定時間を連絡
④訪問者と応対者の人数（全部で何人？）
⑤資料、商品の見本など必要なものを用意
⑥余裕をもって出迎えられるようにほかの仕事は区切りをつけておく

⑦食事の手配は必要か
⑧お土産にお持ちいただくものはあるか

アポイントメントのあるお客様なら、仕事の区切りをつけてすぐに応対できるように準備することは可能ですが、いつもそのようなお客様ばかりとは限りません。

お客様がお見えになっていることを目にしていても、会議室に資料を届けなくてはならない、電話に出ているなど、手が離せない時もあります。

電話に出ている場合は「失礼します」と断ってまずは電話に出ます。用件のみを手短に伺って「失礼いたしました」と言ってから来客のご用件を伺います。

また、資料を届けに行かなくてはならないような場合は、「少々お待ちいただけますか?」とひと言断って、会議室へ。戻ってきてから「お待たせして申し訳ございませんでした」とお詫びの言葉を忘れずに言いましょう。

秘書からひと言!

肝心なことは、こちらがどのような状況であっても何らかのアクションを起さなくてはいけないということです。自分以外の人が気づいて応対してくれれば問題ありませんが、そういう時は周囲も忙しいものです。

4 2 来客の取次ぎのマナー

アポイントメントを取ってから来社されるお客さまもいらっしゃれば、突然アポイントメントもなしに来られる方もいらっしゃいます。

ご用件を伺わないうちに誰でもお通しするのは間違いです。応接室にお通ししたら、飛び込みの営業の方だったということでは、上司はおちおち仕事もできません。

お客様がいらっしゃったら、

①会社名・お名前を確認し、復唱してご挨拶

②名刺を出されたら胸の高さで丁寧にいただく

名刺を出されなくても、会社名とお名前を覚えておくことは必須です。

③アポイントメントをいただいているかを確認

くれぐれも尋問形式にならない程度に、ご用件をお伺いします。具体的なやりとりをご紹介します。

来　客：「失礼いたします」
応対者：「いらっしゃいませ」
来　客：「私、○△□会社の田中と申します。恐れ入りますが、開発部の課長様はいらっしゃいますでしょうか？」
応対者：「○△□会社の田中様ですね。本日はお約束をいただいておりましたでしょうか？」
来　客：「いいえ。このたびこちらの地区の担当になり、近くまで参りましたのでご挨拶をさせていただきたいと思いまして参りました」
応対者：「恐れ入りますが、どのようなものをお取り扱いなさっているのでしょうか？」
来　客：「弊社は○○の○○を扱っておりまして、御社の○○のお役にたてるのではないかと思い、お伺いさせていただきました」
応対者：「かしこまりました。それでは、こちらで少々お待ち願えますか？」

名指し人に来客の旨を伝えて、応対する場合は「どこにお通しするのか、何分ほどで向かえるのか」を聞きます。応対しない場合でも、資料だけを預かることは可能です。

⦿取り次いではいけないケースもある

ごく稀に、「招かれざる客」に遭遇するケースもあります。

具体的にいえば、頼んでいない業界の年鑑や調査書などを宅配便などで送りつけてその中に請求書をいれてくる、いわゆる「押し売り」です。本当に上司が注文をしたのか確認し、違っている場合はただちに送り返します。

このように強引な商法でいつまでも利益を上げていられるはずもありませんが、返品に関してクーリングオフの期間がすぎているだの、返品できないようなことを言ってきても取り次ぎせず、総務部長のような方に対応をお願いして、弁護士に相談するという方法をとります。

また、「押し売り」のほか「嫌がらせ」もあります。いかにも人に恐怖心を与えそうな輩が大声で威圧的な態度に出たり、受付に横柄な態度で来られては会社のイメージダウンにつながりますし、他のお客さまも社員も不安になります。

来客が恐れをなして帰ってしまう場合もありますので、このような場合は玄関ばらいをするのではなく、いったんは応接室などの個室に通してそこで話を伺います。

個室に通してしまえば、とりあえずは他に迷惑をかけることはありません。

ゆっくりと対策を考えられます。

秘書からひと言！

アポイントのないお客様に対して、担当者が、「いる」とも「いない」ともこちらの情報を伝えていません――ここがミソ！　いったん「いる」と言ってしまって担当者が応対できなければ、失礼にあたります。

4-3 お客様を案内するときのマナー

お待ちいただいていたお客様をご案内するにも注意すべき点があります。

①どこへお連れするのかを伝える

「お待たせしました。こちらへどうぞ」というご案内では、どこへ連れていかれるのか不安に感じる方もいます。「お待たせしました。エレベーターで6階の第三会議室にご案内いたします」などと具体的にお伝えしましょう。

②荷物が大きい時はお預かりしたほうがよいかを確認する

ひと声かけると親切です。

③お客様を先導してご案内する際、お客様のペースに合わせて歩く

お客様の位置が自分の真後ろにならないように、なるべく自分の体を斜めにして、後ろのお客様を気づかいながら歩きます。振り返った時にお客様がいらっしゃらないようではいけません。

④曲がり角では、曲がる前に手を添えてひと言「こちらでございます」と言う

⑤エレベーターに乗る時は、お客様を先に乗せて自分が後に乗る

外からボタンを押していれば、自分が後から乗っても扉が閉まることはありません。エレベーターの中では操作盤の前に立つ。お客様にお尻を向けないように、身体を斜めにする。

⑥降りる階に着いたら、「こちらでございます」とご案内して先に降りていただく

⑦階段では、案内役が先に歩く

会社によっては、お客様より高い位置にいることを嫌って、「階段を上がる時はお客様が先」というところもあるので規定に従ってください。

⑧部屋の前に着いたら、まずノックをする

前の来客が長引いてお部屋にいらっしゃることもあり得ます。ドアが内開きの部屋は、自分が先に入室してドアを押さえてお客様を招き入れる。外開きの場合は、ドアを手前に引いてお客様に先に入ってもらうようにしましょう。

4-4 座席へのご案内のマナー

座席には「上座」と「下座」があります。お客様にお席をご案内する際には「上席」をすすめますが、応接室の家具の配置や椅子の種類によって上席は変わります。上座の基本的な考え方は

①部屋の入り口から最も遠い席
②ソファーなどの長椅子
③一人用の肘掛け椅子
④スツール（補助椅子）

このような順番です。

応接室

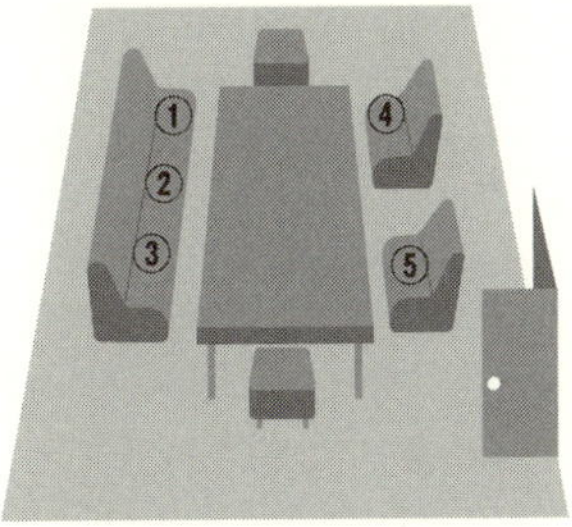

役員室

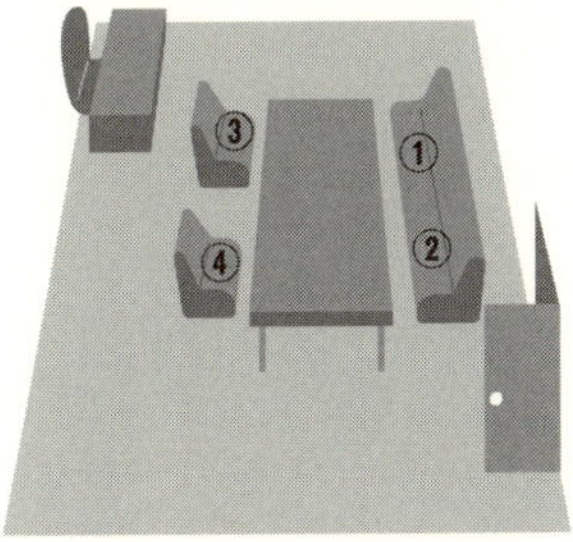

エレベーター

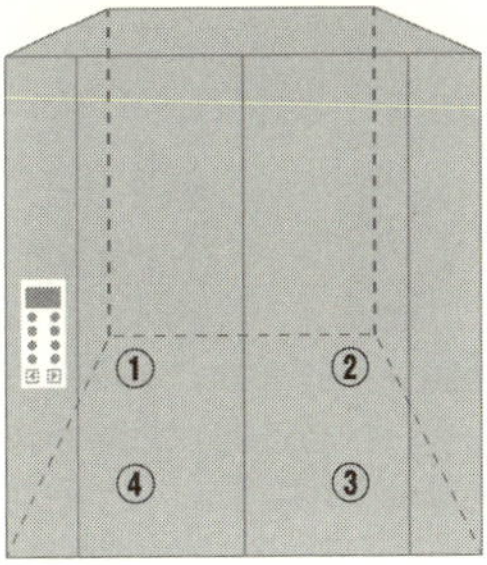

左奥が上席
計器盤の前が末席

打ち合わせブース

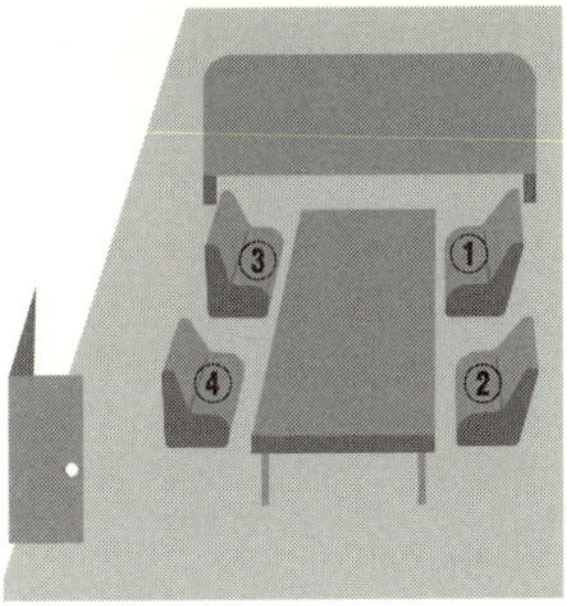

中国料理店

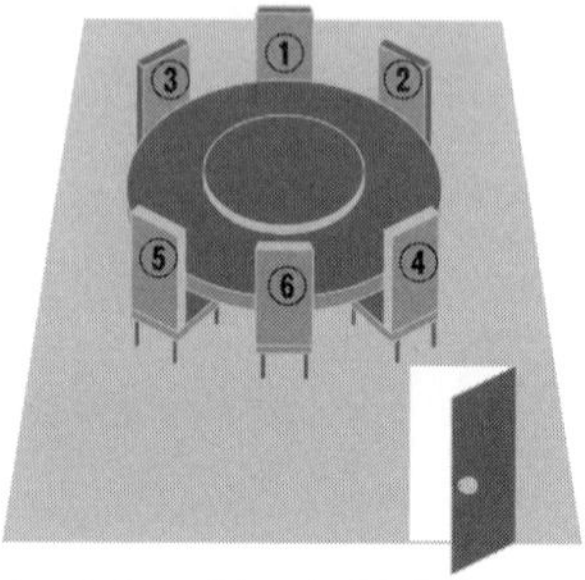

出口から一番遠い席が上席
次にその人からみて左・右の順

宴会

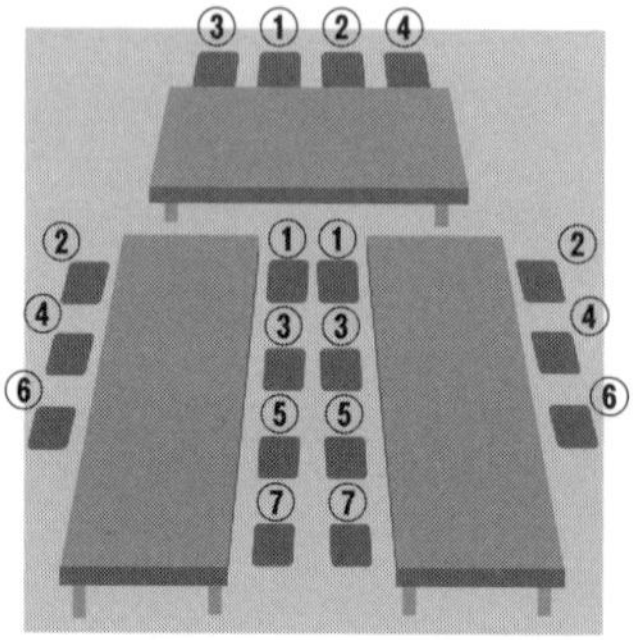

列車

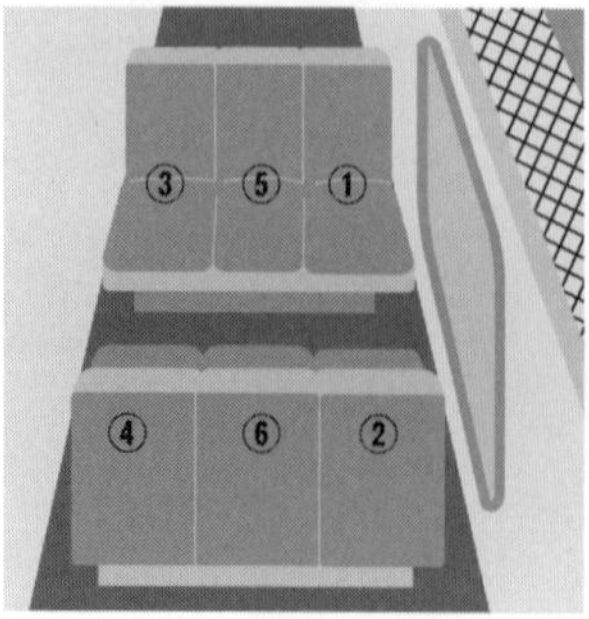

進行方向の窓際が最上席

乗用車

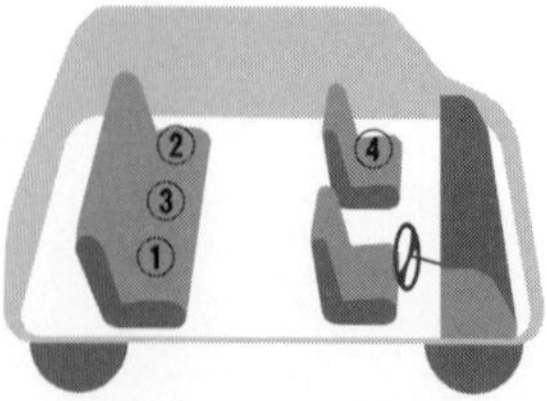

運転席の後ろが上席、助手席が
最も末席
後部座席は中央が末席。ただし、
自家用車の場合は助手席が上席

お客様がひとりの時はソファーをすすめます。しかし複数でいらした場合は、役職の上の方から順に上席に座っていただきます。「担当者がまもなく参りますので、しばらくお待ちください」と礼をして部屋を出ます。

45 お茶出しのマナー

これまで、お茶は湯飲み茶碗で出されるのが一般的でしたが、今では会社によってさまざまです。給茶器から紙コップに入れて出す、長引く会議などの時は、ペットボトルのお茶やお水にグラスとコースターを添えるなど、対応はさまざまです。

ここでは、基本的なお茶の入れ方と出し方をご紹介します。

◉お茶の入れ方

①湯飲み茶碗は日頃からチェックして、欠けているところやひびが入っているものは除く

②冬場は、急須も湯飲み茶碗も温めておく

③人数分の茶葉を入れお湯を入れたら、濃さが均等になるように回し入れる
④湯飲みに入れる量は7分目くらい
⑤茶碗の底が濡れていないかチェックして、必ず底を拭いてから茶托の上にのせる

◉お茶の運び方――入室

①お盆は両手で持ち、胸の高さで保って運ぶ
②扉が開いていても、必ずノックをして入室

※入室したら、お盆は両手で持ちます（「失礼いたします」）

◉お茶の出し方

①人数によるものの、基本的にはいったんお盆をサイドテーブルに置いて、ひとりずつ、両手で茶碗を持って出す

※サイドテーブルがない場合は、左手でお盆を持ち右手でお茶を出すか、いったんテーブルの手前に仮置きして、お出ししてもかまいません

②湯飲み茶碗に柄がある場合は、柄がお客様の正面を向くように静かに置く
③座席の間隔が狭くて出しにくい場合、お客様にぶつかってこぼしてはいけないので、「間

から失礼いたします」「前側から失礼いたします」などと声をかけて出す

④低いテーブルに出す場合は、上から出すのではなく、膝をかがめて出す

※上客（役職が上の方）から順に出しますが、わからない時は上席のほうから出します。社内の人は最後に出します

⑤お茶を出し終わったら、お盆の表面を内側にむけ、一礼して退出（「失礼いたしました」）

◉お茶の置き方

日本茶

絵柄を正面に向ける

コーヒー

スプーンは手前に置く
取っ手の向きは右でも左でもよい
ただし、お出ししたカップの取っ手の向きは統一する

冷たい飲み物

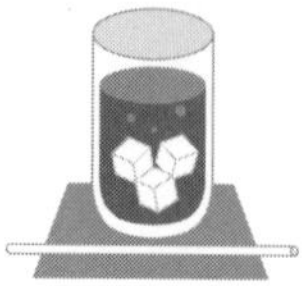

水滴がつかぬようコースターを使用する

⦿食事の置き方

汁碗を右側に置く
お弁当の蓋の絵の向きをお客様に向け、あけた時にご飯が手前にくるようにする

⦿お菓子の置き方

お菓子をお出しする時は、お菓子を先に左側に出す。お茶は右側に

秘書からひと言！

見た目では、どの方が上客か判断しにくいこともあります。

30代に見える方と60代に見える方がいらした時、年配の方が上客かと思いがちです。私が出会ったケースでは、上司の真正面に座っていらっしゃる若い方が新社長でした。茶托に手をかけた時、上司が『新社長のご出身大学は弊社の常務と同じで…』と言ったことから、30代に見える方が上客だとわかりました。また、テーブルに置いてある名刺もチラリと見てもよいでしょう。

46 お見送りのマナー

来訪者によって応対の態度を変えるのがよいこととは言えませんが、飛び込みの営業マンと、会社に利益をもたらしてくれる得意先が同じ対応でも問題です。入社間もないころは、上司や先輩の接客を観察して、どのような方が重要な来客かを知ることが大切です。重要な来客の場合、「お出迎え」「お見送り」を欠かさないので、すぐにわかります。

本来は、担当者がエレベーターの前や建物の出入り口など状況に応じてお見送りをしますが、上司が担当しているお客様を部下がお見送りすることもあります。

応接室や会議室の出口を出たところ、エレベーターの前まで、または同乗して玄関までご一緒して挨拶をして終わる場合などさまざまです。遠方からいらしたお客様は、玄関までお見送りします。

自分が担当者になって、お見送りするときは
「本日は、お忙しいところありがとうございました」

「どうぞ、お気をつけてお帰りくださいませ」

など、気持ちのこもった言葉で挨拶をします。

担当者でなくても、お帰りになるお客様をお見かけしたら会釈をします。

秘書からひと言！

エレベーターに同乗して玄関までお見送りしようとした上司。

途中の階でエレベーターが停まり、扉が開き女子社員が笑いながら乗ろうとしていて、バツの悪い思いをしました。彼女たちは同乗するのを断念していましたが、エレベーターは社内の人間だけが使用しているのではないということを自覚しないといけませんね。

また、お客様をお見送りした後で、すぐに噂話をするのもいけません。

4-7 後片づけのマナー

「〝片づけ〟にマナーがあるの？」――そう思っていませんか？

あえて、「片づけ」という項目を設けたのは、本当の「片づけ」を知っていただきたいからです。

出したものを元の場所にしまうことだけが片づけではありません。

来客の応対には、会議室や応接室、ミーティングルームなどさまざまな場所が設定されます。その場所に応じた準備をしますが、次に使う人が同じ状態で使用できるようにしておくことが本来の片づけです。お出ししたお茶を下げることだけが片づけではありません。

ホワイトボードの文字は消してあるか
筆記具のインクは出るか
テーブルと椅子の位置は元通りになっているか?
忘れ物・落とし物などはないか

これらをチェックし、状態回復ができてこそ、片づけができたと言えるでしょう。

また、会議室使用予定の時間より早めに終った場合、次に使う方に終了したことを伝えると、相手は助かります。

いただいたサンプルや資料は上司に確認をとって指示に従います。

お土産は上司に持ち帰っていただくか、社内で分けるように言われたら遠慮なくいただきます。

秘書からひと言!

落し物は専用の箱を用意し、保管します。付箋に「拾った場所」「日付」を明記して貼っておきます。こうすることで、落し物をした人は専用箱に各自見に行ってくれます。

5章

訪問のマナー

5-1 訪問の事前準備

社外に出ると、どんな些細なことでも、私たちの行動は〝会社の評価〟につながります。たとえ書類を届けに行くだけであっても、〝会社の顔〟ということを忘れてはいけません。双方が気持ちよく面談するためには、ちょっとした点に気を配ればいいでしょう。そのためには事前準備が必要です。

①アポイントメントを取る

相手の都合のよい日時を優先するのが基本です。いきなり自分の都合を押しつけるのはマナー違反。「いつでもいい」と言われた場合に備えて提案できる日時を2～3候補用意しておきます。

ただし、曜日でいえば、月曜の午前、金曜の午後、時間帯でいえば、朝イチ（9：00）、午後イチ（13：00）はできるなら避けたほうがいいでしょう。

②用件、所用時間、人数を伝える

③1～2週間内の予約をとる

相手が忙しい場合は1ヶ月先もやむを得ませんが、予約が先になった場合は、約束の日の前日に確認の電話をいれます。万一、不都合が生じた場合、変更の事情説明は簡単に、お詫びは丁寧に行ないます。

④訪問前に、余裕をもった枚数の名刺、筆記用具、書類、資料・サンプル・カタログなどを用意しておく

⑤初めて訪問する場合は、それまでの取引関係・訪問先への交通機関・所要時間、訪問先の情報（事業計画・経営方針）などを調べておく

初めて訪問する場合なら、特に遅刻は厳禁です。万一、電車や車が事故で止まったりして遅れる場合でも、必ず訪問先の会社に連絡を入れましょう。

5-2 訪問先企業に到着したら

訪問する際には、少し早めに行き、洗面所で身だしなみを整えるくらいの余裕がほしいものです。

①コートを着ている場合は、受付に向かう前に脱いでおく（マフラーや手袋も同様）

②雨の日なら、傘のしずくはさっと振り払い、傘立てに置く。社内に持って入る場合なら、広がらないようにまとめて、しずくが落ちないように気をつける

③夏場はひと呼吸おいて、汗がひくまで様子をみる

汗びっしょりで対面するのは、相手にとっても気持ちのよいものではありません。

④携帯電話の電源は切るか、マナーモードに設定しておく

受付に到着したら、社名と自分の名前を元気よく名乗り、訪問する相手の所属部署と名前、約束時間を告げます。

⊙応接室でのマナー

「こちらでお待ちください」と案内されて、特に席を指定されなければ、入り口に近い、下座に腰掛けて担当者を待ちます。

立ち歩いたりせず、訪問内容の確認・書類や名刺の点検をしておきます。

担当者が来たら、立ち上がって丁寧に挨拶します。座るように勧められるまでは立ったままで、上座を勧められたら素直に応じ、お礼を述べて座ります。

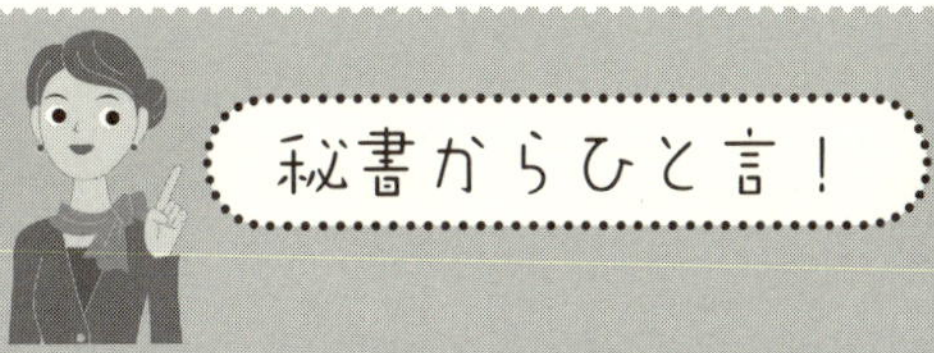

担当者だけでなく、案内をしてくれた方にもお礼を言うととても感じがいいです。
慣れてくると受付を通さず、アポイントもなしでいきなり担当者を訪ねる方がいらっしゃいますが、親しき仲にも礼儀ありです。
必ず受付を通して「○○さん、いらっしゃる？」くらいは声をかけるようにしましょう。

●荷物の取扱い

書類ケース　↓　足元

ハンドバック　↓　ソファーの背もたれ、または腰の横

カタログ・サンプル　↓　その都度取り出してテーブルに置く

●コートの置き場所

軽くたたんで、ソファーの肘掛け、または肘掛けの脇に置く

●お茶に手をつけるタイミング

待っているあいだにお茶を出されたら「ありがとうございます」と受けます。

担当者のお茶も運ばれてきた時には、担当者が来るまでは飲まないで待っています。お茶は、相手に「どうぞ」と勧められてから飲むのがマナーとされています。

女性の口紅は、そのままだと見苦しいので指先でそっとぬぐうかティッシュでふきます。その場に捨てずにいったんはバックにしまいます。

成長する人はやっている！　自分を高めるちょっとした習慣

5 能力開発と能力強化をしよう！

必要な知識やスキルを学ぶ方法を考えたら、整理してみましょう。

必要な知識	学習方法	自己評価	備考
簿記1級	問題集を解く	1	07′ 8.10

[自己評価]
低いレベル　1
中くらいのレベル　2
高レベル　3
教えられるほど　4

現状を確認した上で、目標設定をしてみます。このようにざっと記入してみて、半年ごとに見直す習慣をつけます。

具体的な学習方法は、自分の環境や能力、性格に合わせて考えなければいけませんが、効果的な方法を選びたいものです。はじめから大きな目標を設定するのではなく、たとえ小さな目標でもこつこつと達成感を味わうほうがいいでしょう。

以下を参考に、自分ができることを考えてみてください。

社内研修への参加、情報交換（成功事例と失敗事例）、同僚で教え合う・先輩の仕事から学ぶ、ミーティングの活用、関連書籍・雑誌・新聞などマスメディアの活用、DVD、CD などによる自己学習、通信教育の受講、電子メディアのサポートシステムの利用、専門学校の受講……

5-3 名刺交換のマナー

①名刺交換のきっかけは、基本的に訪問者が作る

（名刺を相手に向けて）社名・名前をはっきり名乗りながら名刺を差し出します。

「私、株式会社○○の○○と申します」

②万一、タイミングを逃したとしても、慌てない

（名刺を準備して）ひと言添えて名刺交換を始めます。

「ご挨拶が遅れて失礼いたしました。私、○○会社の○○と申します」

③相手の名刺は、自分の名刺入れの上でいただく

「頂戴いたします」

④担当者が複数の場合、地位の高い方から順に交換する

訪問した方から名刺を差し出します。必ず、目下の者から先に出します。上司と同行した場合は、上司の紹介の後に名刺を交換します。

⑤相手から名刺をもらう時は、利き手で受け、反対の手を添えて両手で胸のあたりで丁寧に受け取る

名前の読み方がはっきりしない場合は曖昧にせず、たずねても構いません。

「失礼ですが、何とお読みするのでしょうか？」

⑥いただいた名刺はテーブルの上に並べておく

秘書からひと言！

名刺は、その人のいわば“分身”。渡した方は、自分の名刺がどのように扱われているか見ていますから、相手の名刺を丁寧に扱いましょう。面談終了後、いただいた名刺はすみやかに名刺入れに入れておきます。

5-4 面談のマナー

当然のことながら、たとえどんな用件で訪問しても面談や交渉の場では会社の代表だということを忘れてはいけません。感じのよい面談・商談を進めるにはどんなことに注意をしたらよいかをご紹介します。

①社内の人を得意先に紹介する

仕事の範囲が広がるにつれて、上司や後輩など社内の人を得意先のお客様に紹介するケースが増えてきます。ただやみくもに紹介するのではなく、相手の立場に応じた紹介のルールがあります。

同行者が先方と面識がある場合は、面識のある人が紹介します。

自社と他社では、自社の人を紹介し、その後他社の人を紹介します。

「私どもの課長の山田でございます」

「こちら、いつもお世話になっております、開発部長の鈴木様です」

一般的には、目下の人を目上の人に、年下の人を年上の人に、社内の人を社外の人に、紹介するのが原則ですが、地位・年齢が同じ場合は、自分と親しい人から紹介します。

②言葉遣い

どんなに親しくなっていても、最低限の言葉遣いは守ります。「私ども」「当社」と言う

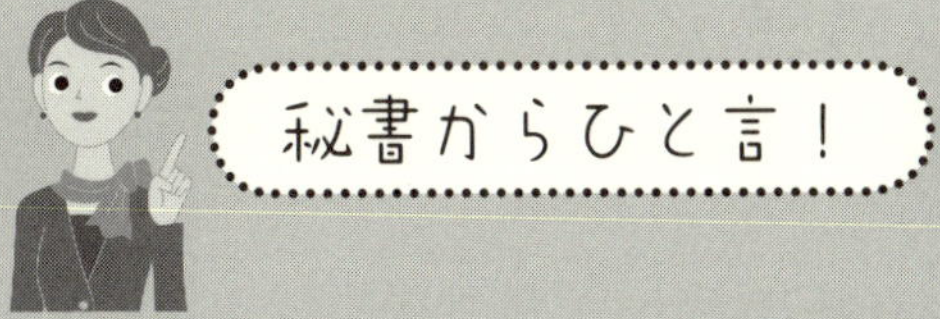

真剣で生真面目な方ほど真顔で視線を向けるものですが、度がすぎると見据えたような表情になってちょっと怖いです。そのような場合は、口元を閉じて口角を上げる意識をします。また、鏡を見ながら笑顔の練習をするのもよいでしょう。

ことを忘れないように。

③表情

笑顔と真顔。話題に応じて表情が豊かであるのは望ましいことです。目を伏せたり、相手の目を見据えたりするのは避けます。目を伏せると、自信がなさそうに見えるどころか、ちゃんと聞いているのか不安にさえなってきます。

④腕組み、足組み、貧乏ゆすりは厳禁

また、喫煙も避けたほうがよいでしょう。万一、相手にすすめられたら応じる程度です。特に商談中の女性の喫煙はあまり格好のいいものではありません。避けるのが無難です。

⑤用件は簡潔に。不明な点はその場で質問し、明確にする

重要な点は必ずメモをとります。独自に判断できないことは、その場での発言を控え、会社に戻ってから上司に相談します。携帯電話からその場で電話して確認をとるのもいいのですが、話の内容によっては相手に聞かれないほうがよい場合もあるので慎重になりましょう。

「後ほど、上司とよく相談いたしましてご返事申し上げます」と答えます。

最後に、「謙虚」と「卑下」は違う、ということを覚えておいてください。

自社と自社の製品やサービスに誇りをもって話しましょう。競合他社の話題が出ても、けなしたりしないで情報収集のつもりでお話を聞いておきます。

秘書からひと言!

社外の人を社内の人に紹介するときには、「いつもお世話になっている○○会社の△△課長さんです」でもOKですが、部長や重役のような地位の高い人を紹介する時は、「○○会社の常務の○○様です」という言い方のほうがふさわしいです。

5-5 辞去のタイミング

仕事でもプライベートでも、帰るタイミングというのはなかなか気をつかうものです。時間になったからと、そそくさと帰ったのでは、それまで築いたコミュニケーションが台なしですし、相手が話している最中に話を遮るのも失礼にあたります。

話が佳境にはいると、ついつい時間がたつのを忘れがちですが、約束の時間を超えないように注意が必要です。お茶の差し替えがあった時は、時間オーバーになっている可能性もあります。

①辞去の切り出しは訪問者から

来客に「次の予定があるので帰ってください」とは言いにくいものです。基本的には訪問者から切り出します。

②重要なことは最初に話しておく

約束の時間が過ぎても、肝心の用件を伝えきれていないと訪問の意味がありません。

話の切れ目、切り替わりのタイミングを見計らって〝締めの言葉〟を言いましょう。

「それでは、会社に戻りましてからご連絡いたします」

「本日は、お忙しいところお時間を頂きましてありがとうございました」

「よろしくお願いいたします」などがふさわしいでしょう。

秘書からひと言！

どうしても時間オーバーになりがちなら、あらかじめタイマーを設定しておいた携帯電話を、マナーモードにして上着の胸元に入れておきます。時間が来たら“ブルブル”と知らせてくれます。

③出していた名刺を丁寧にしまい、資料も片づける

④それまで和やかに談笑していても、メリハリをつけて最後の挨拶をする

出口、エレベーターまで見送りを受けたら、再度丁寧に挨拶します。エレベーターの扉が閉まっても終わりではありません。廊下、受付などで会った人に挨拶をします。会釈でもいいと思いますが、相手がこちらを向いていたら「失礼します」と声に出したほうがよい印象が残ります。

コートなどは建物の外へ出てから着ます。帰社予定の時間に遅れそうな場合は、会社に連絡をしてもよいでしょう。

6章

ビジネス文書のマナー

6-1 ビジネス文書とは？

私たちは毎日、いろいろな方とコミュニケーションをとりながら仕事をしています。コミュニケーションの中には、口頭で伝えることもあれば文書を使って伝える方法もあります。

業務に関連する文書をビジネス文書といいますが、ビジネス文書には、「社内文書」と「社外文書」があります。

社内文書は文字通り、社内の人間にあてた文書です。では、社外文書とは？

会社に毎日たくさん届く郵便物を開封して、どのような種類に分かれるのか調べてみるといいでしょう。「取引を重視する文書」と「社交を重視する文書」に分かれます。

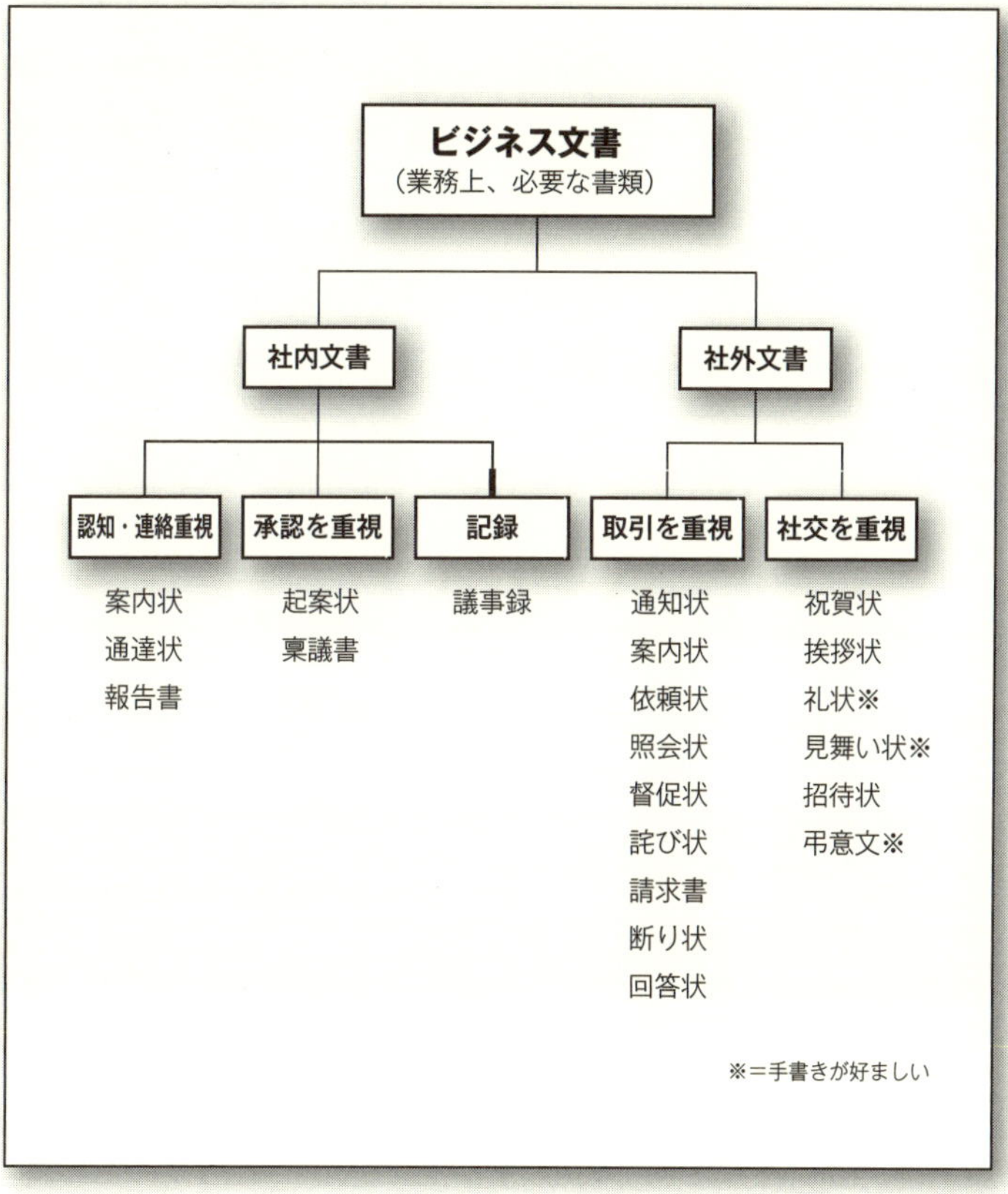

自分にはあまり関わりのない文書もあるかもしれませんが、この機会にチェックしてみましょう

6 2 ビジネス文書の基本ルール

ビジネス文書は会社から発信する公文書ですから、私信と間違えてしまうような内容では受け取った方も困ります。しかし、丁寧に書こうとするあまり硬すぎる文書になったり、意図の伝わりにくい文書になっては意味がありません。会社によって慣例の異なる場合もありますが、ワープロやパソコンを使いA４の横書きで作成するのが定着しています。

挨拶状や招待状のような儀礼的な文書は縦書きが正式とされていますが、近年では横書きも見られるようになりました。

①ひとつの用件で1枚が基本

1枚の文書に複数の用件を書くと、返答を出せるものと出せないものが混在してしまい、結果的に効率が悪くなります。

②気持ちの伝わる文書を目指す

いくらビジネス文書といえども、明らかにサンプルをコピーしたような文書では興醒め。文書の内容やおつき合いの深さに応じて、気持ちが伝わるようにしたいものです。社交を重視する文書（礼状・見舞い状・弔意文など）は手書きが望ましいです。

③手書きの場合は、黒かブルーブラックの万年筆で

ボールペンではカジュアルな印象を与えます。格式を重んじる文書の場合は毛筆が好ましいのですが、苦手な方はワープロやパソコンの毛筆文字を選択するといいでしょう。

秘書からひと言！

ワープロやパソコンを使って文書を作成して、署名だけ直筆にする、という方法もあります。

契約に関わる文書は、社判と代表者印が必要ですが、たとえ督促のような文書であっても、礼節に欠けた文書だけは避けたいものです。表現方法にも注意します。

6-3 社内文書の書き方

社内文書が社外文書と決定的に違うのは、挨拶の部分を略し、いきなり本文に入るところです。

左の例文では、同じ文書を多数出す場合の文例を使用しましたが、個人宛てに出す場合は③を「海外事業部○○課長殿」のように、④を「○○事業部○○課○○」と、こちらも個人名にします。よって⑪は不要です。

①NO. 人事部発 3305
②平成○年○月○日

③支店長各位

④人事部長

⑤新人研修の実施

⑥標記の件につきまして、下記の通り実施いたします。
つきましては、貴部該当者の参加をお取り計らい願います。

⑦記

1．日時　6月20日（水）
2．場所　本社第3会議室
3．対象　本年度新入社員
4．携帯品　筆記具・テキスト（添付）

⑧なお、対象者で当日参加できない場合は、
事前に人事部までご連絡ください。

⑨添付書類　1．研修スケジュール
　　　　　　2．テキスト

⑩以上
⑪担当　花野（内線123）

①文書番号…正式な文書にはつけますが、重要でない文書にはつけなくてもよいでしょう。
②発信日時…平成○年○月○日が一般的ですが、西暦を使う場合もあります。
③受信者名…個人名ではなく役職名で出します。
④発信者名…個人名でなく組織単位の役職名にします。
⑤件名（標題）
⑥本文…すみやかに用件に入ります
⑦記…その後の文章を箇条書きにします。
⑧追記…注意事項や補足がある場合に書きます。
⑨添付書類…資料があればその名称を書きます。
⑩「記」書きがなくても、「以上」で締めます。
⑪担当者・連絡先…文書によっては記入しない場合があります。

6-4 社外文書——取引を重視した文書の書き方

取引を重視した文書は、形式を守ることで「信頼」と「安心感」を与えます。自分が会社を代表しているということを忘れずに、正確な文書を書くことを意識しましょう。慣れないうちは、先輩や上司に見てもらって、チェックしていただくのもいいかもしれません。

回数を重ねるごとにコツをつかめます。

社外文書のうち、「取引を重視した文書」の書き方・注意点は次の通りです。

①NO. 営業部発 5011
②平成○年○月○日

③株式会社○○
開発部　部長　田中一郎様

④株式会社○○商事
営業部　山田　太郎

⑤**販売促進会議開催のご案内**

⑥拝啓　新緑の候、貴社ますますご清栄のこととお喜び申し上げます。
平素は格別のご高配を賜り、厚くお礼申し上げます。

⑦さて、○年度下期の販売促進会議を下記の通り開催いたしますので、ご多用中恐れ入りますが、ご出席いただきたくお願い申し上げます。
なお、お手数とは存じますが、同封のパンフレットをご持参の上、当日お越しくださいませ。

⑧まずは、ご案内申しあげます。

敬具

⑨記

1．日時　平成○年○月○日
　午前 10:00 ～ 12:00
2．場所　弊社３階Ａ会議室
3．議題　○月キャンペーン販促方法　他

⑩添付書類：○○パンフレット１枚

⑪以上

⑫担当：営業部　鈴木
03（△△△△）-△△△△

①文書番号…正式な文書にはつけますが、重要でない文書にはつけなくてもよいでしょう。また、社交を重視した文書にはつけません。
②発信日時…平成○年○月○日が一般的ですが、西暦を使う場合もあります。
③受信者名…個人名ではなく役職名で出します。団体や部署宛てなど基本的に相手が特定できない場合は「御中」を使います。
例：○○株式会社 営業企画部　御中
④発信者名…個人名でなく組織単位の役職名にします。
⑤件名（標題）
⑥頭語＋前文
⑦主文
⑧末文＋結語
⑨記
⑩添付書類
⑪以上
⑫担当者名（連絡先）
※発信者と担当者が異なる場合記入しておきます

65 社外文書――社交を重視した文書の書き方

社外文書の中の「社交を重視した文書」とは、取引先との関係を良好にすることを目的とした文書です。よって、私信に近い内容になりますが、目的に合わせたこちらの気配りが感じられなければ、役目をはたしたとはいえません。次の点を押さえて書きましょう。

①タイミングを逃さずに出す
②見やすさの工夫をする
③漢字と仮名のバランスに注意する
④慣用表現を使用する
⑤しきたりやマナーを重んじる

〈礼状の例〉

拝啓　時下ますますご健勝のこととお喜び申し上げます。

さて、先日は○社の△△課長をご紹介いただき、誠に有難うございました。その後○月○日に先方へ伺い、市場開拓のためのご指導を賜りました。

当初の目的を達することができ、大変ありがたく存じております。

これもひとえに◎◎部長のお力添えのお陰と感謝いたしております。

なお、今後の経過につきましては、折にふれご報告したいと存じます。

今後とも、よろしくお願い申し上げます。

まずは取り急ぎ書中をもって御礼申し上げます。

敬具

①感謝の気持ちだけなく、その後の経過も知らせる

品　物　→　（感想だけでなく）どのように使っているか

食べ物　→　（感想だけでなく）「家族も喜んだ」「好物だ」など

②人を紹介してもらったら、その後どのようにおつきあいをしているか

③相手の負担にならないように書く（便せん何枚にもわたって書く必要はない）

〈お見舞い状の例〉


急啓※　このたび貴社〇〇工場が類焼にあわれましたとのこと、テレビの報道で知りました。

突然のご災難に工場をはじめ関係者の皆様方のご心労はいかばかりかと拝察申し上げます。

　お忙しい折、別工場でのご生産とのこと、ご不便もございましょうが、一刻も早い生産再開を心よりお祈り申し上げます。

　私どもで何かお役にたつことがございましたら、ご遠慮なくお申しつけください。

　まずは書中をもちましてお見舞い申し上げます。

草々

※急啓＝ P148 参照

①この例文の場合、相手の災難（緊急時のため）に対してのお見舞いなので、季節の挨拶を省く
②相手の気持ちを第一に考えた文面にする
※総体的に言えることですが、相手の気持ちを第一に考えて書く文章が社交を重視した文章になります

〈年賀状の例〉

謹賀新年

旧年中はひとかたならぬお世話になり、厚く御礼申し上げます。

本年も倍旧のご指導ご鞭撻を賜りますよう、お願い申し上げます。

皆様のご多幸と貴社のご発展をお祈り申し上げます。

平成○年元旦

株式会社○○○○
営業部　○○○○

秘書からひと言！

「はがきは略式で封書のほうが丁寧」とは限りません。手紙とはがき、それぞれに役割があります。
贈答品の送り状やお礼状などは、はがきのほうが手軽で、受け取る側も気軽に読めて負担に感じません。簡単な案内状（連絡）や近況報告ははがきで十分です。
一方、封書は内容が他の人の目に触れないという特性から、プライベートなことやデリケートなことに使用します。慶弔の挨拶(お祝い・お悔やみ）からお詫びにいたるまで、叱責や苦情、督促状などは封書で送ります

66 宛名の書き方

近年は、パソコンソフトで文書作成やハガキ・封筒の宛名を印刷できるようになり、大変便利になりました。それでも、手書きの手紙にはやはり温かみを感じるものです。また、手書きなら自分で自由にレイアウトできるのも魅力です。

文字は楷書で丁寧に全体のバランスをとりながら書きます。

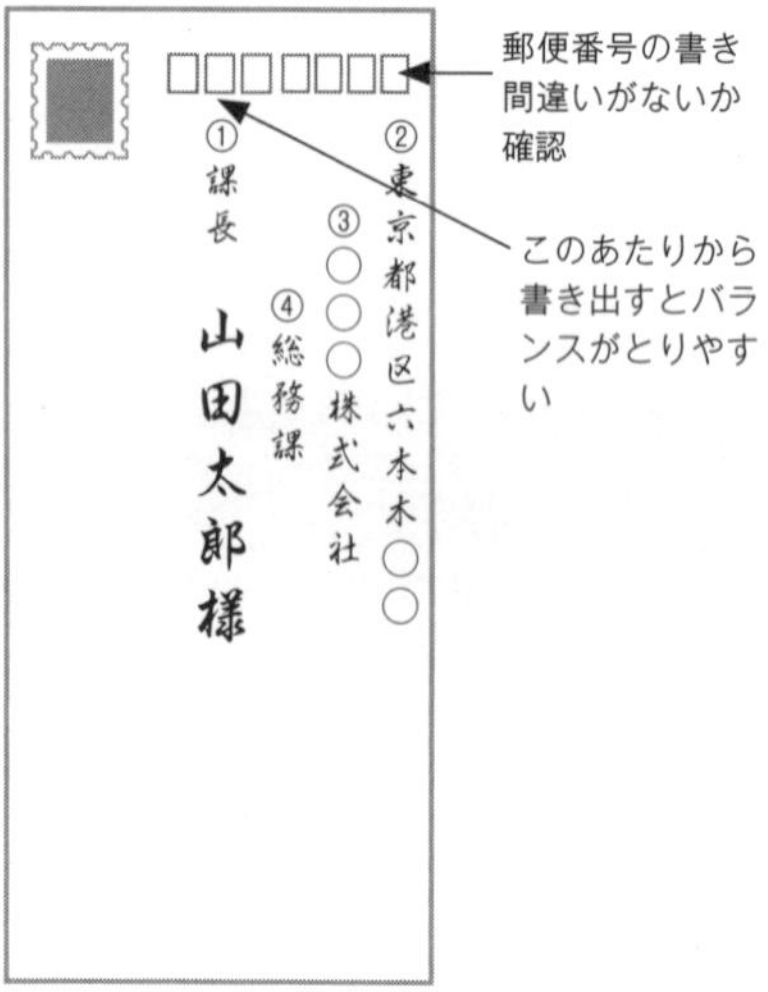

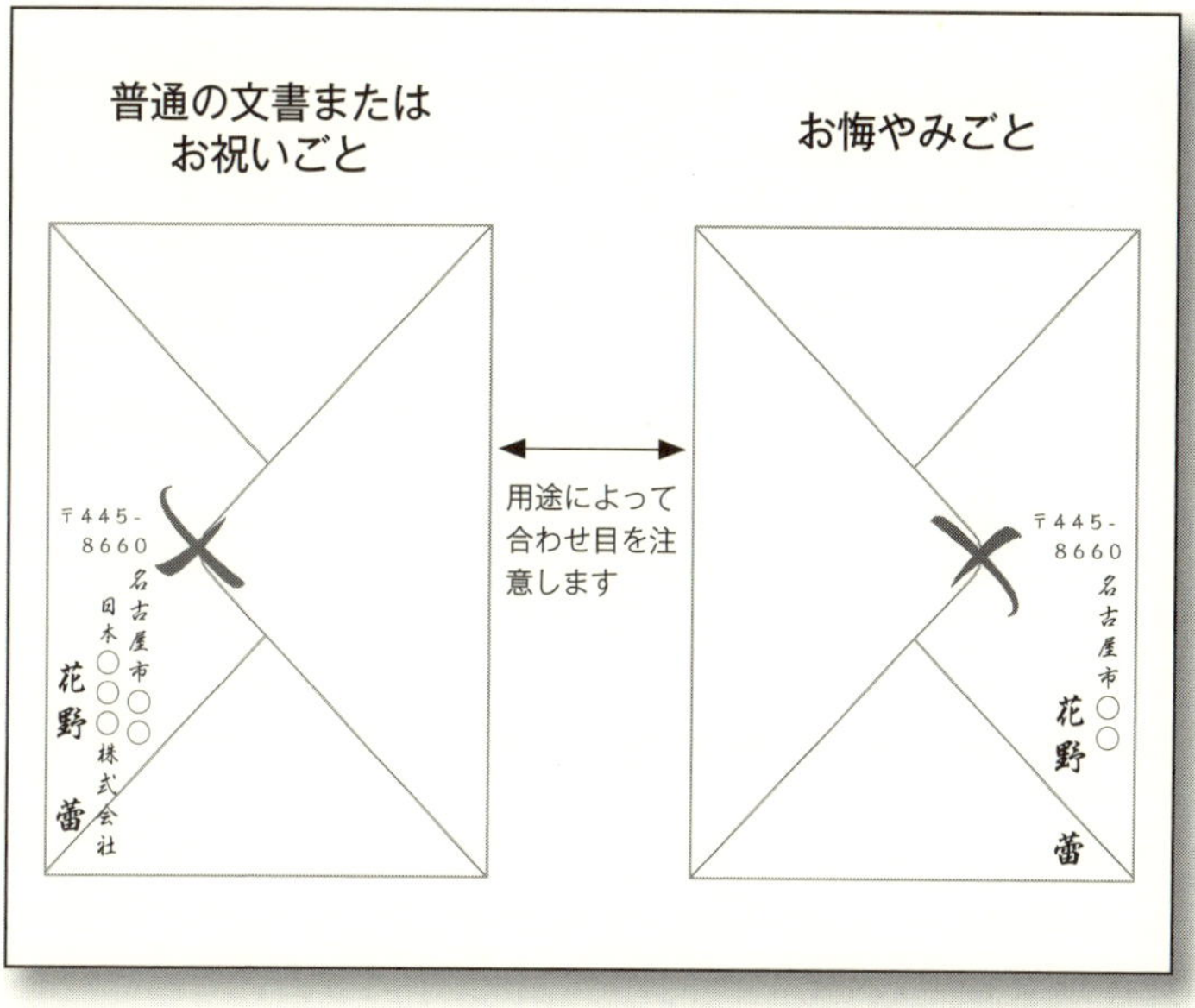

縦封筒の場合、郵便番号枠が左3枠、右4枠とありますが3枠の真ん中あたりから、①名前、②住所、③会社名、④部署、の順で書くとバランスよく書けます。

③、④あたりでスペースのバランスを見ながら書くと、きれいなレイアウトになります。

横封筒で宛名を縦書きにする場合、必ず、合わせ目の違いに注意しましょう。

最後に必ず「〆」を忘れずに。

角型封筒・洋封筒

郵便番号枠のない封筒なら、縦書き・横書き（A・B）どちらの位置に書いても構いませんが、横書きでBの位置に郵便番号を書くスタイルは近年あまり見かけません

郵便番号枠がない封筒

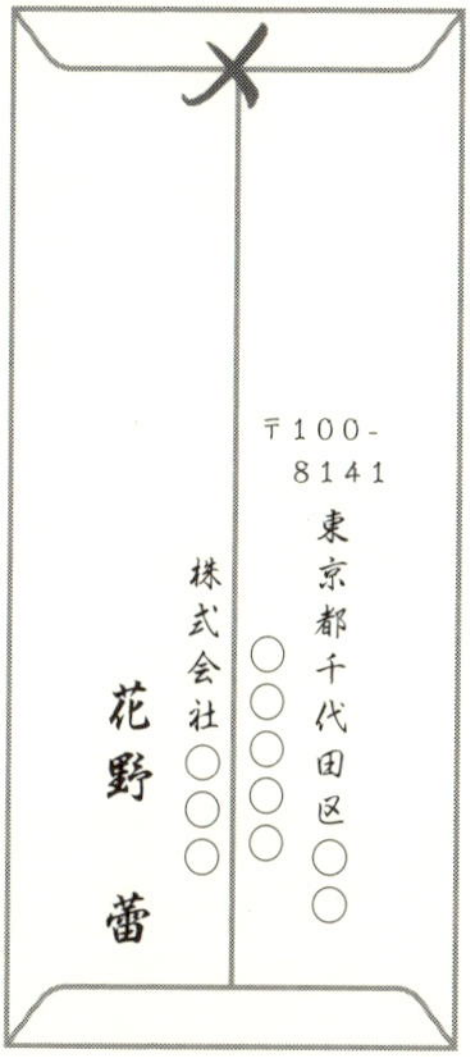

合わせ目を境に右に住所、左に会社名と名前を書きます

中央に寄せて書くとカッコがいい

郵便番号枠がある封筒

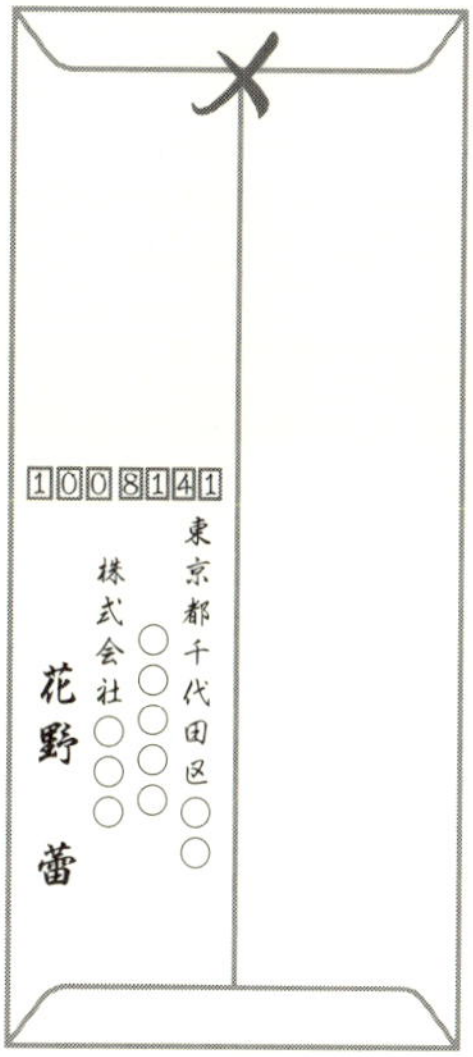

郵便番号枠がある場合は左側に寄せて書きます

67

ビジネス文書慣用句

ビジネス文書の特徴は、慣用句を使って表現することです。

礼節に欠けることなく、それでいて長くなりすぎずビジネスに最適な表現方法です。ぜひとも、シーンに合わせた基本をマスターしておきましょう。

⊙頭語と結語はセットになっていて、組み合わせが決まっている

	頭語	結語
一般的	拝啓	敬具
丁重	謹啓	謹白
全文なし	前略	草々
急用	急啓	草々
返信	拝復	敬具

※これらは頻繁に使用される頭語と結語です

◉時候の挨拶例

月	紋切り型	ソフトな表現
1月	新春の候、厳冬の候	新春のお喜びを申し上げます。毎日厳しい寒さですが、
2月	余寒の候、立春の候	寒さがまだまだ厳しい昨今ですが
3月	早春の候、春暖の候	日増しに暖かさを感じる季節になりました
4月	陽春の候、桜花の候	春もたけなわの頃ですが
5月	新緑の候、立夏の候	すがすがしい若葉の季節となりました
6月	梅雨の候、初夏の候	いよいよ梅雨に入りましたが
7月	盛夏の候、猛暑の候	厳しい暑さが続きますが
8月	残暑の候、残夏の候	まだ日中は猛暑が続きますが
9月	初秋の候、秋涼の候	朝夕めっきり涼しくなりましたが
10月	紅葉の候、秋冷の候	紅葉の季節となりました
11月	晩秋の候、向寒の候	木枯らしの吹きはじめたこのごろですが
12月	初冬の候、師走の候	師走の慌しい季節となりました

※「時節柄」はいつでも使えるので便利！

のこととお喜び申し上げます

―（のことと／の由／の段／の趣）―（大慶に存じます／何よりと存じます／心（から／より）お喜び申し上げます）

（にあずかり／をいただき／を賜り／を受け／くださいまして／になりまして）―（心より／心から／衷心より）―（厚く御礼申し上げます／誠にありがとうございます／深謝申し上げます／感謝いたしております）

⊙安否の挨拶

＜組織・団体＞

貴社（会社あて） 貴行（銀行あて） 貴店（支店あて） 貴校（学校あて）	―	ますます いよいよ	―	ご清栄 ご発展 ご隆盛 ご繁栄

＜個人＞

○○様	―	には	―	ますます いよいよ	―	ご清栄 ご健勝 ご清祥
～皆さま （多数あて） 各位	には ――――――――――――――――――――→					（ご清栄／ご健勝／ご清祥）

⊙感謝の挨拶

平素は いつも 日頃は 毎度 このたびは	―	大変 一方ならぬ 格別の 過分の 何かと	―	お引き立て ご高配 ご支援 ご愛顧 お力添え お心づかい ご協力 お世話	―

⊙自他呼称用語例

	自分に対して	相手に対して
人	私、一同、私ども、当方	○○様、各位、貴殿、ご一同様
団体	当社、弊社、当支店、当課	貴社、御社、貴店、貴課
家	私宅、こちら、私ども	お宅、貴宅、貴邸
物	粗品、小宴、薄謝	御品、ご盛宴、ご厚意
配慮	配慮	ご配慮、ご高配、ご芳情、ご尽力、ご容赦
授受	入手、拝受、受領	ご査収、ご受領、お納め、ご送付

⊙主文の書き出し

さて　／　ところで　／　このたび　／　すでにご存知かもしれませんが

⊙終わりの挨拶

まずは 取り急ぎ まずはとりあえず 略儀ながら	―	ご通知 お願い お知らせ ご連絡 ご照会	お礼 ご挨拶 ご報告 お詫び ご回答	申し上げます まで

◉終わりの挨拶文

挨拶	まずは略儀ながら書中をもってご挨拶申し上げます
案内	まずは～のご案内申し上げます
祝う	とりあえず、書中をもちましてお喜び申し上げます
お礼	取り急ぎ～のお礼まで
通知	まずはご通知申し上げます とりあえずご一報申し上げます
報告	下記の通りご報告いたします 取り急ぎご報告申し上げます
回答	取り急ぎご回答申し上げます
承諾	まずは承諾の旨お知らせいたします
配慮	何卒ご高配賜りたく、お願い申し上げます
返答を待つ	折り返しお返事をお待ち申し上げております

6-8 文書ファイリングの基本

ファイリングとは、必要な時に必要に応じた文書をいつでもすぐに取り出せるように整理しておくことです。

机の上に書類が山積み、あるべきところに書類がない、貸したものが返ってこない、要求した文書がすぐに出てこない、同じ書類があちこちにある、古い書類がいつまでもある――このような状態では、必要なものをいちいち探すはめになり、効率的ではありません。

ビジネス文書には、一度の活用でその役目が終わるものもあれば、繰り返し活用されるものがあります。また、記録として保管するのですから、役目が終ったものは破棄して、繰り返し活用するものはその役目が終るまで保存しなくてはなりません。

文書整理を始める前に、文書の性質を理解して分類することが必要です。

活用済文書→①保管→②移し替え→③保管場所の移動→④＜ 永久保存 ／ 破棄（必ずシュレッダーで処理）

①使用頻度の高い文書は各部署で管理する

②キャビネットのファイルを頻度の高い順に並べる

③時期がきたら、保管から保存させるため書庫に移動する

④その文書の性質に合わせて、一定期間保存する

⊙文書の整理法

相手先別……五十音順、アルファベット順、会社名順

主題別……内容（テーマ）ごとの分類（カタログ、文献など）

標題別……「請求書」「発注書」などの伝票、「売上月報」など

一件別……特定の取引や行事など、一連に関することを終わりまで

形式別……「議事録」「挨拶状」などのタイトルで分ける方法

◉文書の収納方法

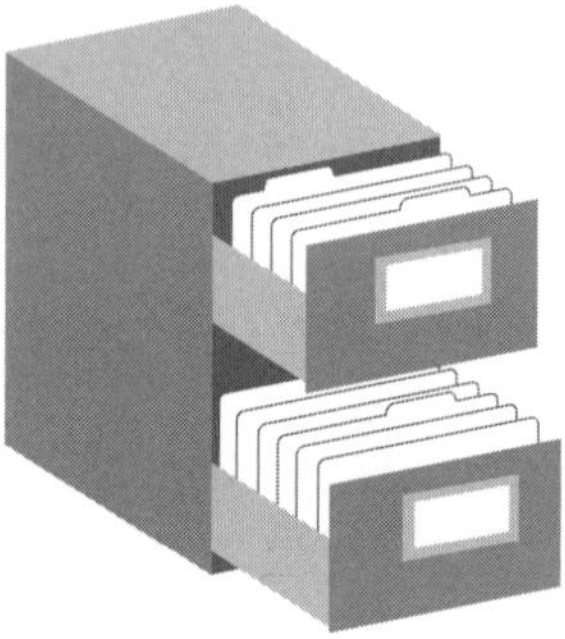

バーチカルファイリング……キャビネットの引き出しに、厚紙を二つ折りにしたフォルダーを入れ、そこに文書を垂直に挟む方法。一定の大きさの書類のファイルに適する

フォルダー

キャビネットにも
ボックスにも対応

ボックスファイリング……市販の収納ボックスを利用してバーチカルファイリングを行う方法。ファイル以外にカタログやサンプルなども収納できるのが便利

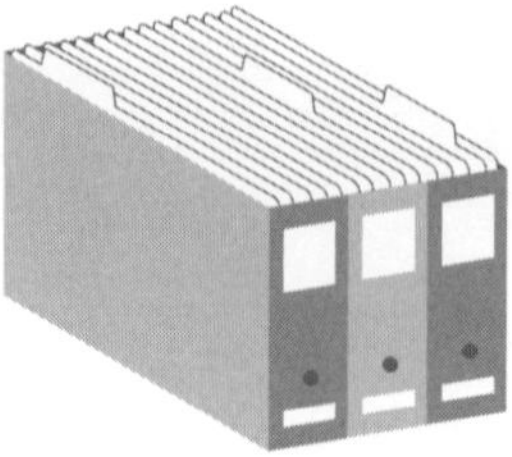

バインダーファイリング……文書をバインダーにとじて本のように並べて保管する方法。バインダーの背幅がスペースをとるため、バーチカルに比べて収納量は少ない

⦿カタログ・雑誌の整理と保管

カタログは商品別に分類し、書籍のように立てて保管します。新しいカタログが届けば、古いカタログは処分します。

保管が必要な雑誌は、一般誌の場合は半年分をまとめて合本、専門誌は最長5年分までです。

69 メールのマナー

ビジネスでも私生活でも、メールは伝達手段として、もはやなくてはならないものになりました。ペンを使って紙に書くことに代わって、パソコンや携帯を打つことが主流になってきています。

ただ、どんなにメールの機能が発達しても、直接会って話す以上のものは相手に伝わりません。あくまでもメールは伝達手段だということを覚えておきましょう。対面でのコミュニケーション以上の期待をメールにはできません。

そのあたりを肝に銘じたうえで、最低限押えておきたいマナーをご紹介します。

①署名は必ず入れる

署名機能を使って、自分はどこの誰なのかをきちんと明記します。

社名、住所、TEL・FAX、所属部署、メールアドレス、氏名など、自分に関することを署名として登録し、メールの最後につけておきます。

新規にメールを作成する時は署名をつけても、返信メールにはつけない人がいますが、返信メールにも署名機能をつけましょう。相手が電話をかけたいときなどに便利です。

②件名の書き方を工夫する

必ず何の件かを明記しておきます。曖昧な表現や挨拶はやめます。

×「こんにちは」「お元気ですか」…スパムメールと間違えられて削除されても仕方ありません。

△「ゴルフコンペの件」

○「8／10ゴルフコンペ、参加申し込みの件」

1日にたくさんのメールを受信する人にとっては、件名を具体的に書いたほうがメールを開く優先順位をつけられるので親切です。

③「Re：」の使いすぎに注意

同じ用件でやり取りする場合、便利な機能が「Re：」ですが、あまりに「Re：」が並ぶのも横着な印象を受けます。

また、やり取りの回数が多くなるにつれ、本来の用件と内容がズレてしまったにもかかわらず、「Re：」機能を使用するのはマナー違反です。変更後の内容に合わせた件名を書くと、後から内容を確認したいときにすぐに探すことができて便利です。

④緊急の用件には適さない

相手がいつもパソコンのそばにいる、携帯電話の電源が入っている、とは限りません。緊急の場合は、電話をかけるほうがベターです。また、電話で連絡後、詳細をメールで送信するという使い方は親切です。

⑤頭語・結語は不要

普通の手紙のように長い文章で用件を書くと読み手にとっては読みづらいものです。相手の読みやすさ、用件を簡潔に伝えることを優先し箇条書きにします。

⑥読みやすさの工夫

箇条書き以外では、1行に何文字くらいが読みやすいのか見当をつけておきます。あくまでも目安ですが、全角かな漢字38文字ぐらいで改行すると読みやすい文章になります。

ただし、文章の内容が改行によってわかりづらくなるのはいけません。ひとつの文章が終わって句読点を打ったら改行するのがいいでしょう。

⑦用途に応じた使い分け

同じメールを複数の人に送信する機能に「Cc」と「Bcc」があります。

「Cc」は（Carbon Copy）といって、宛先以外に送りたい人（その情報を共有したい人）に送るときに使います。

「Cc」と「Bcc」の使い方には慎重になりましょう。本来「Bcc」で送るべきところを「Cc」を使ってしまい、関係のない人にまで知れてしまう内容では困ります。また、個人情報の保護に厳しい昨今ですからメールアドレスの流出にも注意しなくてはいけません。

「Bcc」は（Blind Carbon Copy）といって、宛先以外に情報を送りたいが当事者（宛先）には知らせずに同報するというときに使います。

⑦必ず返信

一般に社内メールはいちいち返信せず、何か用件があった時に返信する場合が多いようですが、「○○の件、了解しました」「内容確認いたしました」など受信したことを伝えると丁寧です。

なお、社外の人にメールの開封確認の機能を使って送信する場合もありますが、親しくなってからのほうが無難です。初めての相手に対しては強引な印象を受けます。

また、こちらから送信したメールに対して返信を求めてはいけません。あくまでも「○○までにお返事をいただけると助かります」などと相手に委ねます。

成長する人はやっている！　自分を高めるちょっとした習慣

6
セルフブランディング

日本企業の特徴であった「終身雇用」「年功序列」といった制度はなくなりつつあり、「実力主義」「成果主義」制度を導入する企業が増えています。

これからは、自分の価値を高めるような経験を積むことが将来のあなたの財産になる、といっても過言ではありません。

「会社の看板を背負って仕事をしていた自分」から、「個人で一枚看板で仕事をしている」自分を目指して欲しい、ということです。そのために、今から自分の価値を高める仕事を意識することが必要です。つまり「○○なら○○さん！」と言われるような“自己ブランド”を確立することを目指して仕事をしていくのです。

具体的には、あなたが目標とする人物、あなた独自の技術、あなたの特技、やりたいこと、やりたくないこと、あなたの売り、人の役にたてたことは何か、役にたちたい人は誰か、あなたのファンはどんな人かなどと、自己プロデュースシートを作成してもよいでしょう。手帳の１ページに書いておき、折りにふれてチェックしておきましょう。

目標をみつけ、それに向かって努力することは生半可なことではありませんが、目標を達成したときの充実感や喜びは必ずあなたの自信に繋がり、「生きる糧」となるでしょう。

最後に、どの職場にいても第一線で戦力となるためには「マナー」はあなたの大切な重装備になるということをつけ加えておきたいと思います。

6-10

メール文書の取扱い

最近では、社内文書を電子メールに添付して送信して、用途ごとにプリントアウトするやり方が増えています。文書の種類に応じたフォルダーを作って整理しておくとよいでしょう（「受信トレイ」にカーソルをあてて右クリック→「フォルダの作成」）。

文書の性質に応じた取扱いは以下の通りです。

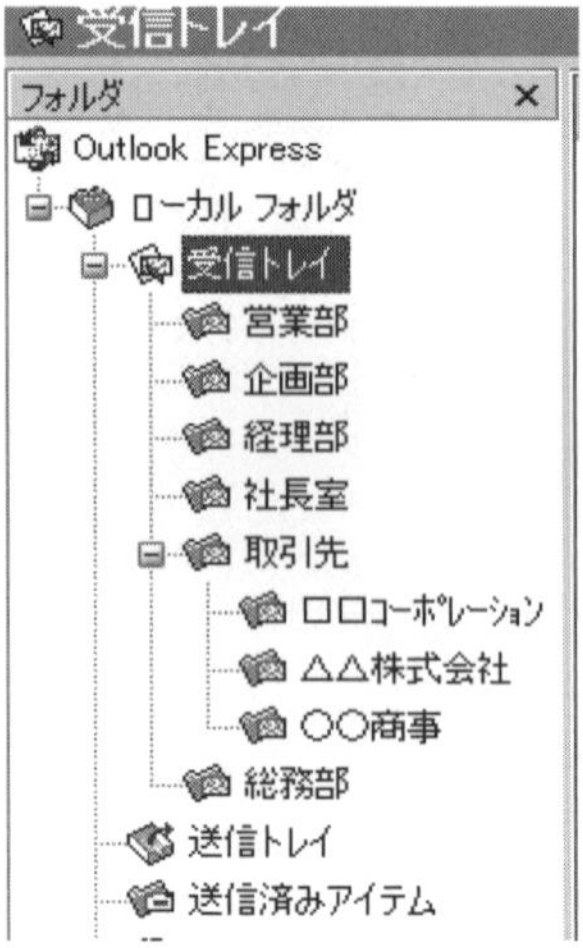

〔社内文書〕

①認知・連絡が重視される文書（案内状・通達状・報告書など）

社内の案内ごとなら、内容確認できれば用が済むので、わざわざプリントアウトする必要はありません。資源の節約にもなります。期日が過ぎた時点で消去してしまいたいところですが、定例会のようにある程度決まっているものでなければ、しばらくはフォルダーにいれて保存してもよいでしょう。

②承認を重視される文書（起案状・稟議書など）

決裁を必要とするもの、担当者のほか上席まで了承を得る必要のある書類に関しては、プリントアウトし所定の場所に押印も必要になります。了承を得た後も記録として担当部署にて保管します。

③記録のためにある文書（議事録など）

扱いは会社によってさまざまですが、記録として担当部署で保管しておきます。

〔社外文書〕（郵送で届く文章を含む）

④取引を重視した文書（通知状・案内状・依頼状・照会状・督促状・詫び状・請求書・断り状・回答状など）

自社の発信記録は、署名・捺印のある文書に関しては、コピーをとって担当部署が保管します。また、他社より送られてきた文書で、通知状・案内状のように連絡の期限がすぎたものは、担当部署に確認をとってから破棄します。

※保管期間は文書の性質に合わせます

⑤社交を重視した文書（祝賀状・挨拶状・招待状・礼状・見舞い状・弔意文など）

個人的に送られてくるものなので、個人の扱いにまかせます。

秘書からひと言！

上司あてに届いたお礼状・お見舞い状・弔意文などは機会があれば見せてもらい、自分が書くときの参考にコピーをとっておくのもよいでしょう。

【著者略歴】

花野　蕾（はなの つぼみ）

京都府京都市出身。大阪青山短期大学卒業。

広告代理店で契約社員として働きながら秘書検定を取得後、社長秘書に転職。現在も大阪の企業に勤務する、現役秘書。社長のほか複数の役員を担当。

3社の社長秘書経験を持ち、秘書歴10年をこえる。

新卒で入社した新人秘書に、アポイントメントの取り方からビジネス文書の作成、電話応対などあらゆるサポートをしてきたことを元に、2005年11月メールマガジン【社長秘書!魅惑のオフィスマナー】の配信を始める。

ホームページURL　　http://hisho-manner.com/

秘書が教える！ ビジネスマナー

平成20年4月10日　初版発行

著　者——花 野 蕾
発行者——中 島 治 久

発行所——同文舘出版株式会社
東京都千代田区神田神保町1-41　〒101-0051
電話　営業03(3294)1801　編集03(3294)1803
振替　00100-8-42935　http://www.dobunkan.co.jp

 ISBN978-4-495-57931-9
印刷／製本：シナノ Printed in Japan 2008